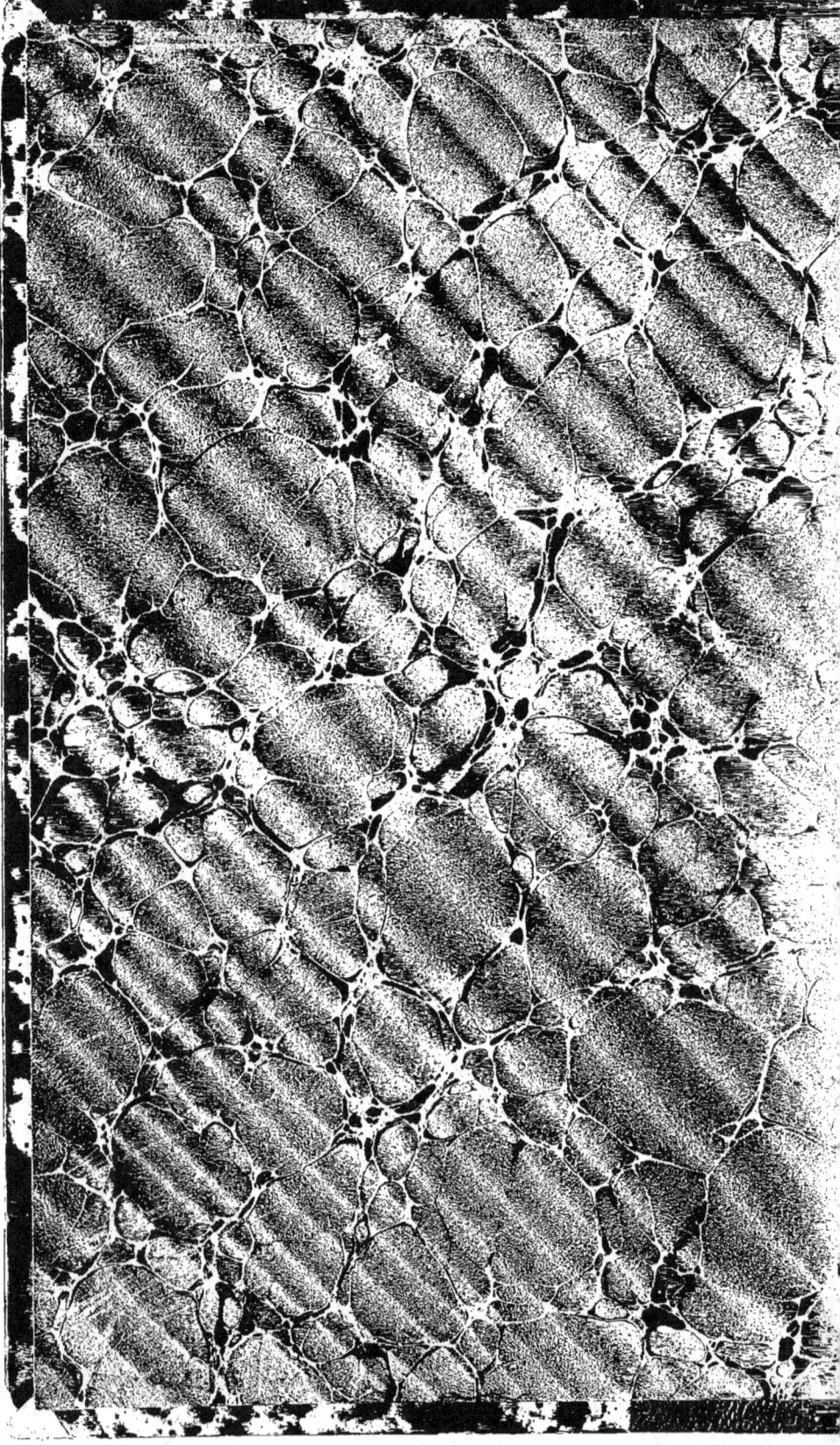

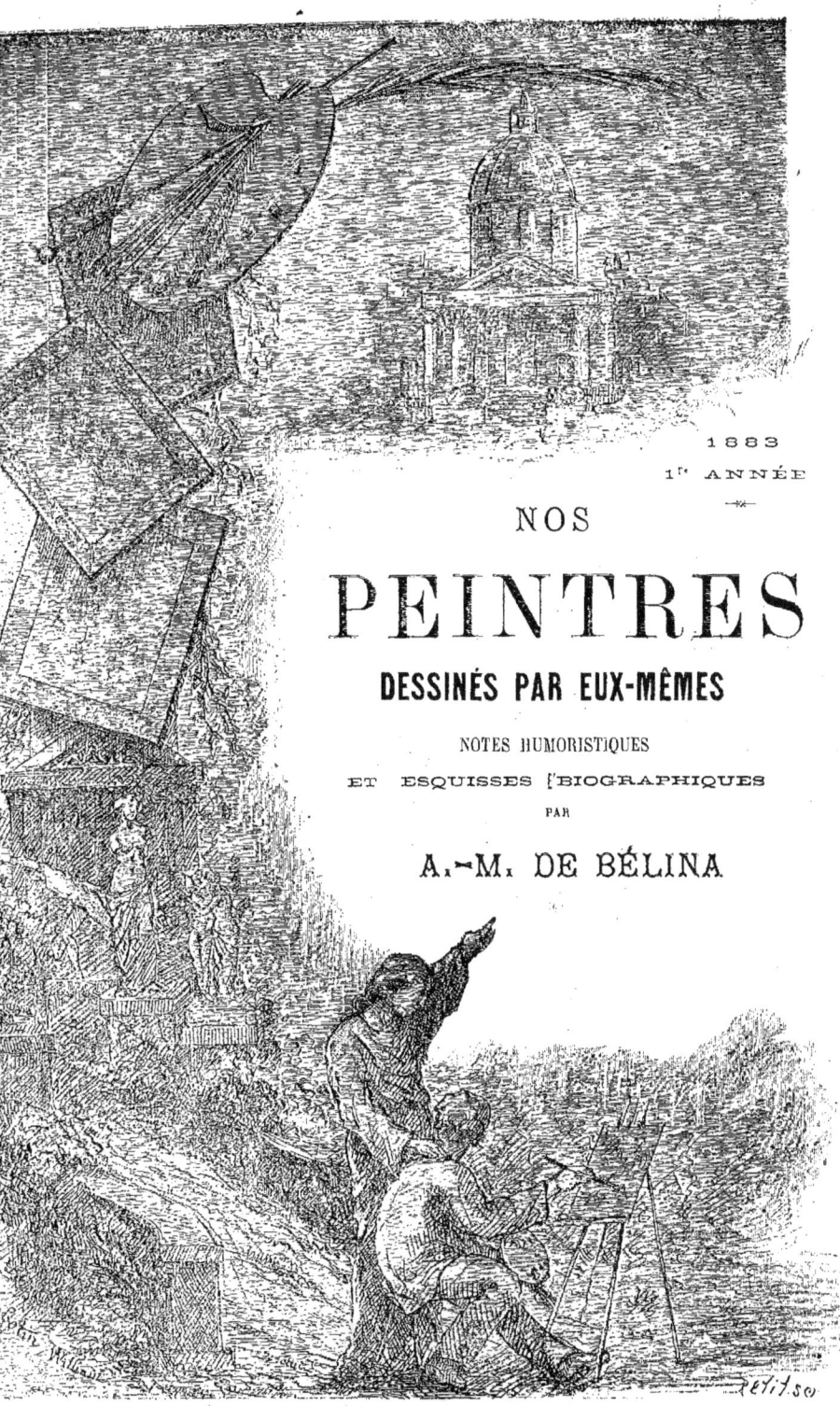

1883
1ʳᵉ ANNÉE

NOS
PEINTRES
DESSINÉS PAR EUX-MÊMES

NOTES HUMORISTIQUES
ET ESQUISSES BIOGRAPHIQUES
PAR

A.-M. DE BÉLINA

E. BERNARD ET Cⁱᵉ, IMPRIMEURS-ÉDITEURS

À la Grande Armée de l'Art,

hommage de l'auteur,
A. M. de Belina

et de l'Editeur.
E. Bernard

Paris. — Imp. E. Bernard & Cie, 75 et 77, rue Lacondamine.

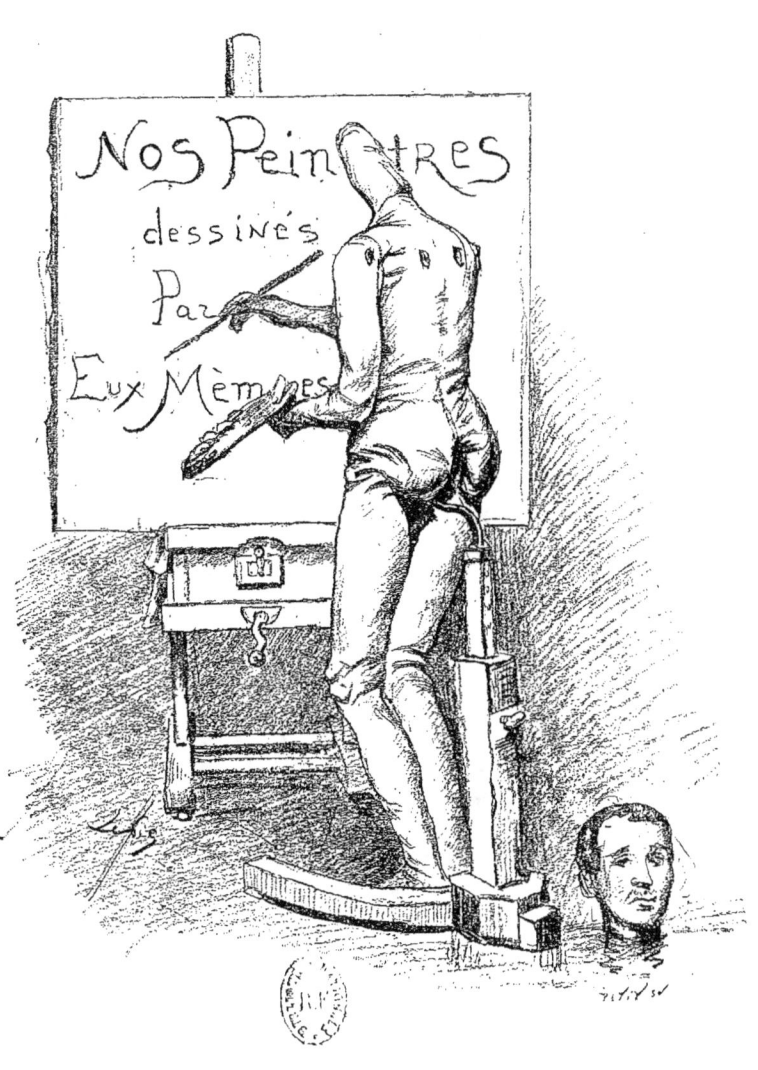

PARIS
E. BERNARD ET Cie, IMPRIMEURS - ÉDITEURS
4, RUE DE THORIGNY, 4

—

1883

AVANT - PROPOS

En offrant à nos lecteurs notre ouvrage, nous leur devons quelques explications.

Nous avions de prime-abord adopté, pour notre publication, l'ordre alphabétique, afin de ne pas nous heurter contre les questions de préséance et autres *impedimenta* qui nous auraient valu les plus justes reproches, car on aurait pu supposer que nous avions la prétention de nous permettre de classer les artistes par ordre de talent, comme si un classement semblable n'appartenait pas à l'opinion du monde des Arts, seul juge en dernier ressort du mérite de nos peintres.

Les exigences du tirage, les mille nécessités d'exécution, telles que la reproduction des portraits dont quelques-uns nous ont été remis que fort tardivement, nous ont empêché de suivre notre programme.

Il a fallu que M. Petit, notre héliograveur, reproduise les portraits au fur et à mesure qu'il les recevait, tâche aussi longue que délicate; plusieurs de ces reproductions ont dû être plusieurs fois recommencées ou gravées, pour être aussi parfaites que possible, sans compter encore que chaque portrait étant traité d'une manière différente, la reproduction devait en être faite en sacrifiant un temps plus ou moins long. Ensuite survinrent les lenteurs forcées de la composition devant absolument suivre la remise des clichés afin de faire suivre les portraits des esquisses biographiques consacrées aux artistes.

Bref, nous avons été obligés de faire mettre en page dans un ordre tout différent de celui qui nous aurait plu.

Nous avons donné aux membres de l'Institut le premier rang dans notre livre; nous croyons que nos lecteurs accepteront ce classement qui est une question de déférence envers les maîtres de l'École française.

Les peintres de mérite cherchent, du reste, à arriver à leur tour à siéger sous la rayonnante coupole de l'Olympe de tous les talents.

Nous regrettons vivement de n'avoir pas pu donner les portraits de tous les membres de l'Institut; nous réparerons cette lacune le plus prochainement que nous pourrons.

Les peintres qui font suite à l'Olympe sont tous des combattants de l'armée de l'Art; leurs brillants états de service sont connus et s'ils sont là, sans ordre ni sans règle, ils composent néanmoins une très haute compagnie qui regrette certainement les absents comme nous les regrettons nous-mêmes.

Les autres noms aimés du public viendront au volume suivant.

Sur cent cinquante portraits de peintres, nous avons donné ceux de vingt-cinq étrangers, Français par le talent, tous perfectionnés au contact de la belle École française, tous fiers d'avoir droit de cité à Paris, la capitale des Arts, et de compter parmi les vaillants de la Grande armée de l'Art.

A.-M. DE BÉLINA.

E. BERNARD.

BOUGUEREAU

MEMBRE DE L'INSTITUT

A DOLPHE-WILLIAM BOUGUEREAU est né à La Rochelle, le 30 novembre 1825. Figure artistique des plus éminentes au moral, figure artistique des plus attrayantes au physique. Ensemble parfait dans ce beau masque bien calme sur lequel la gloire a laissé l'empreinte de ses rayons. On lit sur ce front la méditation qui mûrit la pensée ; l'ensemble de la figure est fin ; beaucoup de bonté et de bienveillance chez cette puissante personnalité. Tout est tranquille en lui, on dirait vraiment que ce maître n'a pas connu la lutte formidable contre les trivialités de l'existence dans laquelle l'artiste dépense tant de sève et qu'il a toujours été un enfant gâté de la Providence. C'est vrai qu'il a quelque peu neigé sur les cimes et que cette neige précoce, pour lui, indique qu'il a souvent été mis en face des besoins de la vie et que s'il a réussi, il a mis devant son chevalet le temps d'un Benvenuto et la conscience d'un Léonard de Vinci. Un exemple pour les jeunes !

Bouguereau commença ses premières études à Bordeaux et suivit ensuite, de 1843 à 1850, les cours de Picot. Second prix de Rome en 1848 et grand prix au concours de 1850, sujet : *Zénobie trouvée sur les bords de l'Araxe*.

Il exposa en 1855 *le Triomphe du martyr*, aujourd'hui au Luxembourg, puis *l'Amour fraternel* et *le Triomphe de Vénus* (1856). Il décora l'hôtel de M. Bartholomy, celui d'Émile Pereire ; il peignit la chapelle Saint-Louis et la Sainte-Chapelle, celle de Saint-Pierre et Saint-Paul, à Saint-Augustin (1867), ensuite *les Jumeaux*. En 1869, il donna *Apollon et les Muses dans l'Olympe,* toile aussi colossale que délicieusement traitée (salle des Concerts du théâtre de Bordeaux), et *l'Amour blessé*.

En 1870, *le Vœu à Sainte-Anne d'Auray*, toile touchante avec ses deux chastes Bretonnes aux yeux baissés et aux belles mains jointes ; en 1872, *Pendant la moisson* et *la Faucheuse* ; l'année suivante *Petites maraudeuses* et *Nymphes et Satyres* ; *Charité, Italiennes à la fontaine, Homère et son guide* (Salon de 1874) ; *la Vierge, l'Enfant Jésus et saint Jean-Baptiste, Baigneuse* et *Flore et Zéphire*, magistralement rendues (1875) ; *Caïn et Abel*, tableau si admiré par le maître de la critique, nous avons nommé Théophile Gautier qui écrivait ceci sur l'admirable groupe de Bouguereau : « L'artiste a donné à la

« figure d'Ève une beauté grandiose et puissante qui
« réalise l'idée qu'on se forme de la femme modelée
« directement par le pouce de Dieu, ce sculpteur encore
« plus grand que Phidias et Michel-Ange. Mais en la
« faisant plus forte, il la fait aussi gracieuse. » *La Paix,
la Première discorde, le Retour des champs, le Nouveau-Né.*

La naissance de Vénus, acquis par l'État et *Jeunes bohémiennes* (1879); *Flagellation de N. S. Jésus-Christ, Jeune fille se défendant contre l'amour* (1880); *la Vierge aux anges, l'Aurore* (1881); *le Crépuscule, Frère et sœur* (1882).

Voici les brillantes étapes du maître : Médaille de 2ᵉ classe (1855, Exposition universelle), 1ʳᵉ classe (1857), chevalier de la Légion d'honneur (1859), médaille de 3ᵉ classe (1867, Exposition universelle), membre de l'Institut en 1876, officier de la Légion d'honneur (1876), médaille d'honneur à l'Exposition universelle de 1878.

BONNAT

MEMBRE DE L'INSTITUT

Léon Bonnat est né à Bayonne, le 25 juin 1833. Ce maître célèbre est l'une des gloires artistiques les plus éclatantes de la France, si riche en talents.

Ce vaste front où la pensée couve, ce regard profond, cette figure expressive au teint mat amènent le respect. On sent devant le maître, qu'on est en présence d'une puissante individualité et on s'explique la fascination qu'exerce le talent le plus incontesté. De temps à autre, il y a des éclaircies dans ce visage d'hidalgo ; alors l'œil s'illumine, c'est quand le peintre s'abandonne à quelque douce causerie sur les hommes qu'il a aimés, et heureux sont ceux qui ont l'honneur d'être de ses amis, car s'il les a illustrés par le pinceau il sait de plus les raconter dans leur vie intérieure et alors il jaillit de la bouche du maître un brillant feu d'artifice d'anecdotes et de mots spirituels, qui traduisent la chaleur de ses sentiments.

Léon Bonnat commença l'étude de la peinture à Madrid, dans l'atelier de Frederico Madrazo. Il s'inspira de ces maîtres qui s'appellent Velasquez, Goya, Ribera, Murillo, Zurbaran. Sa première œuvre, c'est *le Giotto gardant les chèvres*, qui fit tressaillir d'aise Madrazo.

Il continua ses études à Paris, dans l'atelier de Léon Cogniet, et en 1857 il obtint un second prix pour le concours de Rome. Après avoir étudié les chefs-d'œuvre espagnols, il put enfin continuer ses études en Italie.

En 1859, il envoya au Salon *le Bon Samaritain*.

En 1861, *Adam et Eve retrouvant le corps d'Abel*, qui lui fit décerner une médaille de 2 classe.

En 1863, *Saint André en croix*, qui lui valut un rappel de médaille.

De retour à Paris, il donna la *Pasqua Maria* ; en 1864 il envoya au Salon le *Saint Pierre* en bronze de Saint-Pierre de Rome et un gracieux tableau, le *Mezzo bajacco eccellenza !*

En 1865, *Antigone conduisant Œdipe aveugle ; Saint Vincent de Paul prenant les fers des galériens*, chef-d'œuvre acquis par la Ville de Paris ; *Paysans napolitains devant le palais Farnèse*, œuvres qui commencèrent la popularité du maître.

En 1866, *Gaby*, portrait de jeune fille, et *Ribera dessinant à la porte de l'Ara Cœli, à Rome*, qui valut au jeune maître la croix de la Légion d'honneur.

Les succès de Léon Bonnat ne firent depuis que

grandir, et que de chefs-d'œuvre dus à son brillant pinceau depuis cette époque ! Ici, Thiers illustré par l'admirable talent du peintre ; là, le *Portrait de Mme Pasca*, celui *des petites demoiselles Dreyfus* ; puis cette toile étincelante, *Une rue à Jérusalem* ; le *Barbier nègre, à Suez* ; la *Lutte de Jacob avec l'ange* ; l'adorable *Scherzo* ; *le Christ*, cette toile si touchante et si grande où le Sauveur des hommes est représenté d'une manière grandiose et dramatique. Allez, Messieurs les décrocheurs de crucifix, ce n'est pas sur le Christ de Bonnat que vous oseriez jamais porter votre main sacrilège ! Ce Christ-là vous rendrait religieux !

Léon Bonnat, qui reçut une médaille d'honneur en 1869, fut nommé officier de la Légion d'honneur en 1874, et sa haute personnalité n'a fait que grandir sans cesse.

Chacun se souvient du *Portrait de Victor Hugo* (1879), de celui de *Miss Mary S...*, du *Portrait de M. Grévy* et *Job* (Salon de 1880), le *Portrait de Léon Cogniet*, celui de *Mme la comtesse P...* (Salon de 1881), le *Portrait de Puvis de Chavannes* (1882) ; *deux portraits* (1883).

Léon Bonnat est membre de l'Institut. Ses élèves l'adorent, le vénèrent ; malheur à qui oserait toucher à la gloire du maître ; on a pu le voir quand des pseudo-critiques d'art ont osé attaquer le *Job* du Salon de 1880.

La gloire de Bonnat est aujourd'hui solidement assise, les musées de l'étranger se disputent ses œuvres.

BOULANGER
MEMBRE DE L'INSTITUT

ustave-Rodolphe Boulanger est né à Paris. Un profil digne de l'antique; on s'imagine plutôt ce peintre, calme et impassible, assis sur une chaise curule et revêtu du costume des collègues de Caton l'Ancien. Le regard est puissant, l'ensemble est parfait. Rien du jargon de l'atelier chez ce maître, dont le langage est aussi académique que son talent. Urbanité exquise; il reçoit comme savent recevoir les hommes d'un mérite supérieur. Sa place est bien à l'Institut, cet Olympe des gloires artistiques de la France. Lui aussi a dû lutter et souffrir, et maintenant que la fortune lui est venue, il fait tout le bien possible aux méritants que l'adversité frappe, consolant les uns, encourageant les autres, ayant une bonne parole pour chacun.

A quatorze ans, il entra à l'atelier de Jollivet, puis à celui de P. Delaroche, après avoir séjourné plusieurs mois en Afrique. Il obtint le prix de Rome en 1849; il avait suivi les cours de l'École des Beaux-Arts avec Gérôme, Picou et Hamon; il partit pour Rome où il remplaça Barrias et où il se rencontra avec Benouville, Cabanel, Bouguereau, Baudry, etc. Il étudia surtout Michel-Ange et étudia Rome au point de vue de l'archéologie, et, après avoir rêvé la Grèce, il retourna encore en Algérie.

De 1848 à 1865, Boulanger exécuta les œuvres suivantes : *Indiens jouant avec des panthères; Un café maure; Galatée et le berger Acis; Démocrite enfant; Jules César au Rubicon*, qui lui valut une deuxième médaille; les *Choussa* (arabes); *Maestro Palestrina;* cette toile magistrale : *Une répétition dans la maison d'un poète tragique à Pompéi; les Rahias* (bergers arabes); *Lucrèce; Lesbie; Hercule aux pieds d'Omphale;* ce tableau si fini : *Répétition du Joueur de flûte et de la femme de Diomède, dans l'atrium du palais pompéien du prince Napoléon; Arabe; Jules César marchant en tête de la Xe légion (campagne des Gaules); Kbaïls; la Déroute; la Cella frigida;* ses magnifiques *Cavaliers sahariens; Djeid et Rabia; Portrait d'Hamdi-Bey*, qui lui valurent des rappels de médailles en 1859 et 1863, et enfin la croix de chevalier de la Légion d'honneur. En 1866, il exposa *Catherine Ire chez Méhémet Baldatji, discutant le traité du Pruth, en 1711; Une marchande de couronnes à Pompéi;* les années suivantes : *le Mamillare; Portrait de Mlle Nathalie, de* la *Comédie-Française; El Hiasseub, conteur arabe;* la *Promenade sur la voie des tombeaux, à Pompéi; C'est un émir, les Chaouchs du Hakem attendant le seigneur et maître;* la *Quête d'Aïd-Srir à Biskra;* cette belle toile : la *Via Appia au temps d'Auguste;* les admirables *Peintures du foyer de la danse (Nouvel Opéra) :* danse barbare, danse mythologique, danse noble, danse furieuse, qui montrèrent la souplesse de son talent et son entente parfaite de la décoration (1874). *Le Gynécée, Un bain d'été à Pompéi, Comédiens romains répétant leurs rôles, Saint Sébastien et l'empereur Maximilien, Hercule* (1877); le *Portrait de Mlle Bettina B..., Triclinium d'été, Un repas chez Lucullus* (1878), qui valurent à l'auteur une deuxième médaille à l'Exposition universelle. En 1880, *Mariage, Patrie,* panneaux décoratifs pour la mairie du XIIIe arrondissement, représentant en un tout harmonieux : le Travail, la Famille, l'Étude, la Maternité, la Patrie, la Loi, le Mariage. Dans ces panneaux Herpin, le paysagiste, est représenté en forgeron et Tony Robert-Fleury en beau jeune Romain embrassant son dernier-né ; entre-parenthèses, Tony Robert-Fleury est célibataire et ce tableau pourrait nuire à son mariage s'il lui prenait envie de quitter sa joyeuse vie de garçon.

Dans le panneau principal, *la Consécration du mariage civil,* Boulanger a placé ses amis A. Dumas, Gérôme, Charles Garnier. Quelle splendide composition !

En 1882, il exposa *Flabellifer*, esclave portant l'éventail.

Gustave Boulanger est hors concours et la critique s'userait le cerveau si elle osait tenter d'analyser son œuvre entière ; il est si facile d'échapper à ce péril en se contentant de faire de l'esprit et de dire comme un critique : « Gustave Boulanger est un Parisien de « Paris, qui a peut-être pris un peu trop souvent la rue « Bréda pour aller à Athènes. » — Pour aller à son atelier de la rue de Boulogne, — avez-vous voulu dire.

CABANEL

MEMBRE DE L'INSTITUT

LEXANDRE Cabanel est né à Montpellier. C'est un maître d'aimable allure, un savant gracieux et distingué. Nature méridionale, dont l'exubérance originelle fut tempérée par un tact parfait, canalisée par des traditions saines et lucides, Cabanel est un artiste de race sans l'impatience ni la fougue qu'implique d'ordinaire cette qualité. Le sentiment harmonieux de la forme, la plénitude du tempérament, la facilité de l'exécution ont fait de lui un peintre académique, un adepte éclairé et correct, plutôt qu'un illuminé de l'art. Sa personnalité, dit notre ami Ulric de Viel-Castel — se détache d'une façon distincte et pure. Cabanel est un maître parce qu'il est clair dans la traduction de sa pensée, parce qu'il est sûr de lui et de son pinceau. La peinture d'histoire et la peinture de portraits se sont partagés la palette de l'artiste. Il a

traité les sujets historiques avec grâce et sobriété, il a peint le portrait avec un éclat moelleux.

Un des premiers succès de Cabanel fut le *Chanteur florentin.* Cette œuvre exquise sent le terroir. Le ciel d'Italie et l'azur splendide du midi de la France se ressemblent fort, aussi le peintre, renferme-t-il le troubadour, il peint la romance avec la ferveur et le bric que son chanteur met à la roucouler.

Que dire de *la Mort de Moïse,* cette toile grandiose si pleine de sentiment ? Et *la Mort de Francesca de Rimini et de Paolo* (1870), ce drame palpitant qu'on voit au Musée du Luxembourg. *La première extase de saint Jean-Baptiste* (1874), qui fut un événement dans le monde des arts.

Tout artiste arrivé à la maturité du talent donne une œuvre d'ensemble qui résume sa manière. Cabanel n'y a point manqué lorsqu'il peignit pour le plaisir des yeux et l'honneur de l'école française, *la Naissance de Vénus.* Sous un ciel égayé par une bande d'amours mutins, Vénus Astartée vient de naître d'un sanglot de la mer. Sa peau nacrée comme les perles dont elle fut pétrie, frissonne de tons roses, accusant la chair à côté des transparences glauques de la vague. La tête assoupie dans sa toison d'or, un bras relevé, l'autre caressant l'onde, la déesse est tout au bonheur de vivre et de montrer au soleil la gloire de sa beauté. Le torse étale sa grâce et sa souplesse dans un abandon plein de style, tandis que la jambe repliée relève comme un reptile la courbe voluptueuse de la hanche. La coloration est douce, délicate et imprime à l'ensemble une saveur particulière, laisse dans l'œil une caresse, dans l'esprit une idée harmonieuse.

Quel chef-d'œuvre aussi que cette œuvre magistrale *la Sulamite* (1876), qui démontre ce que peut une organisation facile, un tempérament de velours, plié au joug bienfaisant de l'étude ! *Lucrèce et Sextus Tarquin* (1877), a prouvé que Cabanel sait aussi la conception dramatique et qu'il a une habileté de main et une distinction admirables.

Cabanel s'est révélé comme décorateur du plus grand mérite dans un plafond du Louvre : *le Triomphe de Flore*. Partout il excelle, ou se trouve en entier dans les scènes historiques où la décoration et l'arrangement règnent en maîtres.

Rien de difficile comme de faire un portrait, car il ne faut pas que le spectateur confonde un personnage avec un autre. Cabanel est l'un des maîtres les plus célèbres du portrait, il possède le tempérament et la science du portrait. L'influence de sa peinture d'histoire se fait sentir dans le goût, la manière de voir, l'exécution de l'artiste. Il en résulte un aspect sévère et intime, une personnification ingénieuse, un roman de mœurs. Chaque portrait de Cabanel est un livre où l'on lit sans effort la vie, la situation, l'âme de son modèle. Ensuite, il voit les femmes de façon si gracieuse et si distinguée ; il leur donne ce charme indicible, cet accent féminin difficile à traduire.

Qui ne se souvient des *Portraits de Mme la marquise de C... T...*, *de M. Mackay ? Phèdre* (1880) ? Quelle grandeur ! Le *Portrait de Mme L. A...*; le *Portrait de Mlle E. M...* et *Portia, scène des coffrets du Marchand de Venise* (1881). — *Portrait de Mlle des C...* et cette belle *Patricienne de Venise*, XVIe siècle (1882). — Un succès légitime et considérable a consacré sa réputation.

Cabanel n'est point un talent tapageur, c'est un vrai peintre doué de toutes les qualités constitutionnelles du peintre. A une époque de décadence comme la nôtre où la surexcitation des nerfs s'appelle la vigueur, où l'impression se substitue à la pensée, où cette impression est elle-même si fugitive et si légère qu'on n'ose la traduire avec quelque correction, dans la crainte de la rendre avec platitude, nous devons nous serrer autour de ces hommes qui ont assez de force pour rester personnels dans la route des traditions. Les faibles y trouveront leur compte, les forts aussi.

Voici les récompenses de Cabanel : Prix de Rome (1845) ; médaille de 2e classe (1852) ; 1re classe (1855) ; chevalier de la Légion d'honneur, même année ; membre de l'Institut (1863) ; officier de la Légion d'honneur (1864) ; médaille d'honneur (1865 et 1867) ; rappel de médaille d'honneur (1878).

GÉROME
MEMBRE DE L'INSTITUT

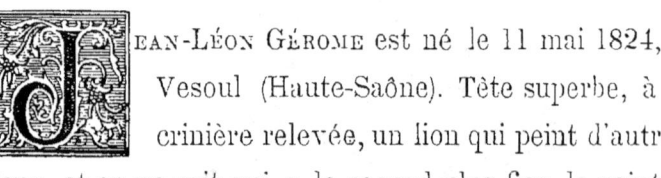EAN-LÉON GÉROME est né le 11 mai 1824, à Vesoul (Haute-Saône). Tête superbe, à la crinière relevée, un lion qui peint d'autres lions, et on ne sait qui a le regard plus fier, le peintre ou son modèle? Taille élancée, belle prestance, correct comme l'étaient d'Orsay et Hamilton. Parole brève, en voilà un qui n'est pas prolixe, et quand il tranche une question, c'est un couperet qui tombe avec un bruit sec. Il aurait fait un médiocre avocat. On le dit hostile aux écrivains, quelle erreur! Il est cordial et bienveillant pour tout le monde, mais il exècre franchement ces pseudo-critiques d'art qui ont la prétention de mieux connaître la peinture que ceux qui sont dans le métier depuis longtemps et qui viennent dire avec aplomb à un peintre qui n'est pas de carton : — Vous auriez dû faire ceci ou cela, votre coloration aurait eu besoin d'être plus vive ici, moins forte là, votre sujet n'est pas inté-

ressant, si vous m'aviez consulté au moins je vous en aurais donné un meilleur... Gérôme les envoie volontiers à tous les diables. Qui ne se souvient de certain critique qui alla cyniquement dire à Gérôme : « Monsieur, voici tant et tant de temps que je parle de vos œuvres, je désirerais obtenir un tableau de vous ? — Je ne paie pas la claque ! » répondit le maître.

Si Gérôme n'est pas parleur à l'état chronique, en revanche il sait être aimable et spirituel quand il le veut ; il est instruit, met chacun à l'aise chez lui, est hospitalier et toujours gai sans trivialité.

Gérôme peintre a une organisation merveilleuse, ses moyens d'exécution sont prodigieux ; il est resté lui-même, il ne procède de personne, il ne fait que rarement de l'actualité, il ne tient pas à ce qu'on consulte un jour ses œuvres comme une collection de gazettes, ce n'est pas un journaliste de la peinture.

Si de temps à autre il touche à l'époque contemporaine, il n'aime pas cette époque, jugeant que le pittoresque, l'originalité, la saveur des costumes ont disparu sous le niveau égalitaire. Il vogue souvent pour le pays des classiques où le costume est l'enveloppe du corps, comme le corps est l'enveloppe de l'âme, pays qui raconte l'histoire d'une façon plus claire et plus séduisante que l'uniformité lugubre de notre vêtement. L'œuvre du grand peintre est considérable, elle dénote que le maître est parfait et que venu dans un autre âge il aurait été également un maître, bien qu'alors il n'y avait que peu ou point de critiques d'art.

Après avoir terminé ses études dans sa ville natale, Gérôme fut envoyé à Paris, il entra à l'atelier de Paul Delaroche où il étudia de 1841 à 1844. Delaroche partant pour l'Italie le recommanda à Drolling, mais il préféra suivre son cher maître en Italie. Au retour d'Italie il entra à l'atelier de Gleyre qui ne lui alla point. Il retrouva Delaroche qui lui confia l'ébauche d'un tableau commandé, *Charlemagne franchissant les Alpes*. Il se mit ensuite à l'étude du nu et exécuta son premier tableau *Jeunes Grecs faisant battre des coqs*, ce fut son premier triomphe et sa première médaille (1847). L'année suivante il exposa *Anachréon faisant danser Bacchus et l'Amour*, 2ᵉ médaille ; ce tableau est au musée de Toulouse ; une *Vierge avec l'enfant* ; *Gynécée* fit grand tapage. Ensuite il peignit pour une chapelle à Saint-Séverin : *Belzunce faisant un vœu au Sacré-Cœur pendant la peste de Marseille* et *la Communion de saint Gérôme*.

En 1854, il partit pour Moscou avec son ami Got de la Comédie-Française, ils prirent le chemin des écoliers, passèrent par Constantinople en longeant le Danube et s'arrêtèrent en Moldavie. Gérôme envoya au Salon de 1855 *le Siècle d'Auguste* et *les Musiciens d'un régiment russe*. Il se rendit ensuite en Égypte, parcourut Damiette, le Caire et exécuta les tableaux suivants : *le*

Hache-Paille, le Prisonnier, exposés en 1861 et 1863. *Le duel après le bal masqué* (1857), acheté par le duc d'Aumale ; *les Gladiateurs devant César,* et *le Pollice Verso* (1859). Ce chef-d'œuvre incontesté le fit nommer professeur à l'École des Beaux-Arts.

Gérôme fit un nouveau voyage en Orient, il visita la Judée, l'Égypte et la Syrie, séjourna à Jérusalem, longea la mer Morte, alla à Damas ; en 1864, il parcourut l'Arabie Pétrée, passa à Suez et alla gravement prendre des croquis sur le sommet du Sinaï. Gérôme descendant le Sinaï son album à la main, Moïse descendant le Sinaï avec des tablettes de la loi, quel contraste ! Le monde nouveau donnant la main au monde ancien. Le Parisien sceptique foulant le même sol que le réformateur hébreux. Dieu dictant la loi religieuse à Moïse et l'art soufflant à l'illustre Gérôme des inspirations nouvelles ! A son retour, il exposa simultanément *la Mort du maréchal Ney* et *le Golgotha.*

Depuis, Gérôme est entré dans une voie plus calme, il donna en 1874, *l'Éminence grise.*

Combien de tableaux que nous avons oubliés dans cette nomenclature ? — *Molière collaborant avec le vieux Corneille, Bonaparte en Égypte, Bonaparte au Caire,* l'incomparable *Atelier de Rembrandt, Réception du grand Condé à Versailles après Rocroy, la Mort de César, Phryné devant l'Aréopage, Alcibiade chez Aspasie, les Comédiens, Cléopâtre et César, le roi Candaule, Circus*

Maximin, la Prière du soir au désert, la Danse du sabre, l'Almée, Martyrs chrétiens livrés aux bêtes.

On a dit que Gérôme n'aimait pas Théophile Gautier. Encore une erreur : l'autre jour, le maître était tout simplement à la foire aux jambons, il y avait là les ménageries des dompteurs Bidel et Pezon. Gérôme se mit à faire le croquis d'un de ces lions, le plus beau. N'est-ce pas, dit-il en souriant, que ce lion ressemble au grand Théo ? Émile Bergerat est servi.

Les récompenses obtenues par Gérôme sont les suivantes : Médaille de 3e classe en 18.7 ; 2e classe (1848) ; chevalier de la Légion d'honneur (1855, Exposition universelle) ; membre de l'Institut (1865) ; médaille d'honneur (1866) ; officier (1867, Exposition universelle) ; médaille d'honneur (1874) ; commandeur (1878) ; rappel de médaille d'honneur (1878, Exposition universelle).

Lors du dernier voyage que le grand-duc héritier de Russie, l'empereur actuel, fit à Paris, il ne manqua pas d'aller visiter l'illustre peintre.

Il y a en ce moment sur chevalet, chez Gérôme, un magnifique tableau d'un effet grandiose, qui représente le désert avec ses horizons si vastes, avec ses ondes de sable fin qui ressemblent à de la neige ; un lion superbe contemple l'espace. Il y a là un effet de lumière qui tient du prodige : Quelle toile imposante ! Comme ceux qui se croient forts se sentiront infiniment petits quand ils verront cette œuvre !

JEAN-JACQUES HENNER

EAN-JACQUES HENNER est né à Berviller (Haut-Rhin). Figure expressive, tempérée par des yeux bleus, vaste front sur lequel l'étude et la méditation ont laissé leur empreinte, ensemble robuste et vigoureux. Ce maître puissant, au talent si vrai, a toujours aimé peindre la beauté, la jeunesse, la femme dans ce qu'elle a de séduisant, de charmeur, les vierges aux formes adolescentes pleines de grâce ; tout cela entouré souvent d'un paysage mystérieux avec des ruisseaux limpides, des arbres dont les branches et les feuilles semblent frémir d'amour en voyant les beaux corps de femmes nues qui se réfugient sous leur ombrage verdoyant.

Quel peintre et quel charmeur que le maître alsacien ! A côté de ce talent, quel cœur de patriote ! Arrive-t-il un Alsacien de là-bas, pour faire visite au maître et le complimenter sur ses tableaux, il ne répond que par des questions sur l'Alsace, sur les frères restés au pays. —

Souffre-t-on toujours? — A-t-on le souvenir de la mère patrie ? — La jeune génération se souvient-elle? — Pour conquérir Henner à l'Allemagne artistique, le prince Bismarck sacrifierait volontiers trois régiments poméraniens. Bon, affable, abordable, Henner est populaire, tous les artistes l'aiment, le respectent et personne plus que lui n'est humain pour l'infortune qui frappe à sa porte.

Henner a fait ses études au collège d'Altkirch ; il eut pour maître de dessin Charles Goutzwiller, et alla ensuite étudier la peinture à Strasbourg, dans l'atelier de Gabriel Guérin. Il partit ensuite pour Paris, entra chez Drölling et à l'atelier de Picot.

En 1858, il concourut pour le prix de Rome, obtint la grande médaille et partit pour le pèlerinage traditionnel. Le sujet qu'il avait traité est *Adam et Ève retrouvant le corps d'Abel*. Sa nature poétique s'affirma dès son séjour à Rome et on le vit, dédaigneux des lieux communs de la peinture, rechercher toujours l'idéal, le vrai beau, celui qui amène l'enthousiasme et fait battre le cœur.

Dans sa brillante carrière artistique, Henner est toujours resté lui-même. Son génie lui est propre, il ne peut être assimilé à aucun des maîtres modernes ; il est et est resté Henner, quoi qu'en aient dit des critiques d'art autorisés qui l'ont comparé tantôt au Gorgione, tantôt au Corrège ; d'autres ont trouvé qu'il y avait chez ce maître au front rayonnant quelque chose de Rembrandt, de Philippe de Champagne. La postérité dira qu'Henner ne procède de personne et que son individualité s'est affirmée d'une manière éclatante sans avoir besoin de s'appuyer sur les traces lumineuses des anciens, ni sur les béquilles de l'étude comparative des modernes.

Il peint l'époque mythologique en représentant des nymphes à la blancheur laiteuse, avec des reflets lunaires ou solaires. Sans transition il aborde la femme de nos jours avec sa *Femme au divan noir*, les *Portraits de Mlle D...*, *de Mlle H...*, *de Mme Karakéïa* dont on se souvient avec admiration. Ici, le *Portrait de M. Hayem*, — là, *l'Alsace* rêveuse, et ce *Portrait de Mme K...*, véritable chef-d'œuvre que le présent a salué et devant lequel la postérité s'inclinera.

Le maître a été chanté par un poète inspiré et un critique vigoureux, Armand Silvestre qui, en voyant ses *Naïades*, écrivit ces magnifiques vers :

....., Voilà pourquoi, fuyant l'ombre opaque et la source
Qu'un mystère de fleurs cèle aux yeux du soleil,
Les naïades en chœur ont arrêté leur course
Sur ce tertre où parfois descend l'astre vermeil.

Sur l'herbe tiède encor des baisers de l'aurore,
Leur chair divine vient rayonner à son tour
Et son éclat vivant, après l'éclat du jour,
Illumine les bois, l'air et le flot sonore.

Et, tout à coup, soufflant dans les roseaux tremblants,
A travers les taillis, sur l'onde qui s'enchante,
Du dieu Pan rajeuni, l'âme s'éveille et chante
L'immortelle beauté des vierges aux cous blancs.

Après la mythologie, Henner passe à la légende chrétienne. Il donne son *Saint Jean-Baptiste*, son *Christ*, la *Madeleine*, peintures si belles, qui feront époque dans l'art contemporain.

Et cette longue série de succès éclatants, le *Portrait de Mme Dubourg* (1868), le *Portrait de Mlle Kestner* (1870), un *Portrait de jeune homme* (1870), les *Portraits du général Chanzy*, de *Mlle Dauprat* (1873), la *Dame au parapluie* (1874), les *deux portraits d'hommes* (1875) ! — *Jésus au tombeau*, *Eglogue* (1879), la *Fontaine*.

Le Sommeil (Salon de 1880);

La Source et *Saint Gérôme* (Salon de 1881);

Bara et *Portrait de Mme N...* (Salon de 1882).

En 1883, cette admirable *Femme qui lit* et *Religieuse*, deux chefs-d'œuvre.

Tel est l'ensemble général de l'activité artistique de ce grand peintre, qui restera toujours l'une des gloires les plus pures de son époque et dont les œuvres immortelles exciteront parmi les générations de l'avenir, une vénération plus respectueuse encore que celle de la génération présente.

Henner a obtenu une médaille de 3e classe en 1863, a été médaillé en 1865 et 1866, a été nommé chevalier de la Légion d'honneur en 1873, officier du même ordre en 1878, et a reçu la même année une médaille de 1re classe.

ÉTIENNE BERNE-BELLECOUR

TIENNE BERNE-BELLECOUR est né, le 28 juillet 1838, à Boulogne-sur-Mer. Quelque chose de martial dans la tête du peintre, qui, à force de représenter des scènes militaires, a pris peu à peu la tournure d'un officier, mais d'un officier gai, franc d'allure et toujours souriant. Robuste nature, manières distinguées, causerie spirituelle, adorant sa famille et ses gracieux enfants. Ses succès, il les a dus non seulement à ses aptitudes merveilleuses, mais encore à un travail opiniâtre. C'est un penseur, un chercheur et l'un des maîtres les plus remarquables de ce temps. Son talent s'est manifesté sous les formes les plus variées et on aurait grand tort de le classer seulement comme peintre militaire.

Il entra à l'atelier de Picot en 1859. Ses débuts furent pénibles, il lui fallut courir le cachet pour vivre et il échoua un beau jour rue Cadet, où on le mit à la tête de la photographie Elios. C'était le pain quotidien assuré. Jamais photographe ne fut plus consciencieux, ses épreuves photographiques furent même récompensées à l'Exposition universelle de 1867. La photographie n'empêcha pas le jeune artiste de continuer l'étude de la peinture. En 1863, il exposa *les Plâtreries, près Fontainebleau;* en 1864, *Un chemin creux sur les côtes de Normandie;* puis il s'abstint jusqu'en 1868, la maison Elios lui prenant tout son temps.

En 1868, il envoya au Salon un tableau intitulé *Grande chaleur*, toile très remarquée. Vibert, qui était devenu son beau-frère, le prêcha tant et si bien qu'il envoya la photographie à tous les diables, depuis il se consacra entièrement à la peinture.

1869 établit les premières assises de sa célébrité : le Salon reçut *le Désarçonné* et *le Sonnet*. Il obtint une médaille. Cette année, il acheva encore sept toiles : *le Rendez-vous manqué, la Sentinelle au couvent, Un Mexicain, Repaire de chouans, Noce sous bois, le Buisson* et *Joueurs de boules.*

En 1870, il envoya au Salon : *la Tonte des moutons en Normandie*, *Une procession au Mont-Saint-Michel* et partit pour l'Afrique afin d'y faire un voyage d'études avec Vibert, Leloir et Detaille. Quand la terrible guerre de 1870 éclata, Berne-Bellecour rentra en France avec ses camarades et s'engagea dans les francs-tireurs de la Seine; il eut pour compagnons Jacquet, Leloir, Vibert, Jacquemard et Le Roux. On se battit courageusement à la Malmaison, le sculpteur Cuvelier fut tué, Le Roux eut la jambe brisée par un projectile, Berne-Bellecour reçut pour sa belle conduite la médaille militaire.

Après la guerre, Berne-Bellecour aborda les scènes militaires. Il exposa, en 1872, *le Coup de canon*, qui remporta une première médaille et fut le plus grand succès de l'année ; en 1873, il donna *le Jour des fermages*, motif anglais très intéressant et d'une vérité saisissante, qui fait partie de la galerie de M. Maurice Grant. En 1874, il donne *le Prétendu* et un *Portrait en blanc de Mme Vibert*. *Un matin d'été* date de la même année.

En 1875, il envoie au Salon *les Tirailleurs de la Seine à la Malmaison* et *la Brèche*. Le premier tableau a été payé 41,000 francs par M. A. D... En même temps les Mirlitons recevaient *Cache-cache*.

Il passa l'hiver à Saint-Pétersbourg auprès de sa sœur. Il fut présenté à l'empereur Alexandre II, qui l'invita aux chasses de Gatchina. Il tua deux ours et offrit à l'empereur une superbe aquarelle perpétuant le souvenir des chasses de Gatchina, cette œuvre merveilleuse fut exécutée en quelques heures.

En 1876, il exposa *la Desserte*, une grande nature morte qui étonna le monde artistique. L'année suivante, il donne *Dans la tranchée*, scène de la vie militaire, les tirailleurs de la Seine devant Saint-Cloud. En 1878, il expose *Un avant-poste* et reçoit la croix de la Légion d'honneur. Ces vaillants maîtres qui se nomment Detaille, de Neuville, Leloir, Hirsch avaient fait à son insu les démarches pour le faire décorer. Il remporta à l'Exposition universelle de 1878 une troisième médaille, malgré la mesure inepte prise par le ministre d'alors, d'éloigner du Salon tous les tableaux représentant des scènes de la guerre 1870-71, afin de ne pas offusquer les regards des Teutons de passage à Paris, comme si messieurs les Prussiens avaient les mêmes scrupules dans leurs expositions nationales et usaient de réciprocité ! La même année il envoya aux Mirlitons l'*École du clairon* et le *Portrait de Gouzien*.

En 1879, il exposa *Sur le terrain*, un succès éclatant, *les Dragons au singe* et *les Soldats au foin*.

En 1881, *Attaque du château de Montbéliard* (campagne de 1870-71), l'une des plus importantes de ses toiles militaires.

En 1882, *Manœuvre d'embarquement*, tableau qui a valu à son auteur la consécration de la gloire artistique.

Il a fait encore les portraits de *Victorien Joncières* et de *Robert Mitchell*. Il est de plus passé maître dans l'aquarelle.

Berne-Bellecour sculpte, grave, écrit et est excellent aquafortiste ; il a de plus écrit, en collaboration avec Vibert, la *Tribune mécanique*, charmante pièce qui eut beaucoup de succès au Palais-Royal.

Dessinateur hors ligne, le célèbre maître a rapporté de Russie un album de croquis dont on peut voir la reproduction dans la splendide *Galerie contemporaine, littéraire et artistique*, éditée par Ludovic Baschet.

ANTOINE GUILLEMET

EAN-BAPTISTE-ANTOINE GUILLEMET est né à Chantilly (Oise) en 1842. Il y a quelque chose de militaire dans cette tête hardie, au regard droit, au buste fièrement campé. Bienveillant, affable, bien élevé, il est rare que ce peintre remarquable emploie le langage de l'atelier. Son éducation a été complète et il connaît ses classiques comme le plus docte professeur en Sorbonne. Sans citer Apollonius comme l'a fait l'érudit Félix Jahyer, nous dirons très sobrement que Guillemet a conquis une belle place dans notre forte école de paysage.

Il fréquenta beaucoup le cénacle de peintres et de littérateurs dont faisait partie É. Zola, puis il se fit présenter à l'illustre Corot qui l'assista de ses conseils et le recommanda à Barye, à Daumier, à Vollon et plus tard au maître d'Ornans, vers 1869.

Les débuts du jeune artiste furent brillants. De 1870 à 1879, il exposa des toiles remarquées, notamment :

Ruines d'un aqueduc romain dans le Var ; *Mer basse à Villerville* (Calvados), qui lui valut une mention honorable ; *le Vieux Monaco ;* le superbe *Bercy en décembre*, pour lequel il obtint en 1874 une médaille de 2e classe (ce tableau est au Luxembourg) ; *le Quai d'Orsay ; le Vieux port de Bercy*, toiles magistrales, vigoureuses, au coloris puissant, largement traitées.

Sa *Vue de Villerville* (1866), œuvre aussi parfaite que poétique, faisant partie de la collection Saucède, mit son auteur hors concours par suite d'un rappel de seconde médaille et assit la célébrité de Guillemet qu'on plaça parmi les maîtres. Ses *Falaises de Dieppe* et *les Environs d'Artemare* (1877), collection Roussel, *la Plage de Villers* (1878), furent les étapes suivantes de son talent. *Le Chaos de Villers* (1879) est une saisissante interprétation de la nature dans sa grandeur et dans son pittoresque.

Et ce beau *Vieux quai de Bercy* (1880), « véritable feu d'artifice de colorations étincelantes, toutes d'une justesse égale à leur intensité », dit Félix Jahyer ! Et *le Vieux Villerville* et *la Plage de Saint-Vaast-la-Hougue* qui figurèrent avec tant d'éclat au Salon de 1881 ! Et *Morsalines* (Manche), 1882 !

Guillemet est chevalier de la Légion d'honneur depuis 1880. Ce jeune maître ne court jamais vers la chimère, il peint la nature dans sa grandeur, et c'est un peintre sincère, qui a horreur du romantisme.

ALEXIS BOGOLUBOFF

MEMBRE DE L'ACADÉMIE DES BEAUX-ARTS DE SAINT-PÉTERSBOURG

LEXIS Bogoluboff est né en Russie en 1824. C'est le descendant d'une ancienne famille noble du gouvernement de Moscou. Par sa mère, il est le petit-fils d'Alexandre Radistcheff, homme de lettre du plus grand mérite que son dévouement à la cause de l'émancipation du peuple russe a rendu si populaire sous l'impératrice Catherine II, popularité qui lui valut l'exil en Sibérie.

Entré à l'École navale de son pays, Alexis Bogoluboff reçut l'épaulette d'officier en 1841. Un goût prononcé pour la peinture entraîna le jeune officier à faire des marines qui plurent beaucoup à l'empereur Nicolas. Le duc de Leuchtenberg, alors président de l'Académie des Beaux-Arts de Saint-Pétersbourg, encouragea le jeune lieutenant du yacht impérial *Kamchatka* à persévérer dans ses études et le fit entrer en qualité d'élève à l'Académie impériale des Beaux-Arts.

Le peintre officier de marine resta quatre années à cette académie, dont il fut nommé pensionnaire après avoir remporté le grand prix de Rome en 1853. Il quitta alors la marine et entreprit de longs voyages, tant en Russie qu'à l'étranger.

Chargé par l'empereur Nicolas de peindre la bataille navale de Sinope et d'autres fastes de la marine russe de 1843 à 1855, Bogoluboff passa sept années loin de sa patrie et y rentra en 1860. Il exposa ses œuvres, composées de plus de cent tableaux, parmi lesquels il y avait sept grandes toiles commandées par l'Empereur et qui sont aujourd'hui au Palais d'Hiver de Saint-Pétersbourg. Sa *Kermesse d'Amsterdam* a été placée au musée de l'Ermitage.

Cette exposition fut si remarquée, qu'elle plaça aussitôt le jeune peintre de marines au premier rang des peintres les plus appréciés. Il fut nommé membre de l'Académie des Beaux-Arts et professeur de cette brillante académie. L'empereur Alexandre II, qui aimait à honorer les talents, nomma Bogoluboff peintre de l'état-major général de la marine.

Depuis cette épque, Alexis Bogoluboff marcha de succès en succès; sa puissance de travail, son talent le servirent prodigieusement. Il étudia les paysages russes, explora les bords du Volga et de la mer Caspienne, composa un *Atlas hydrographique*, et après cette œuvre remarquable, il fut chargé de former des atlas conte-

nant des vues du golfe de Finlande et de la mer Baltique.

Dans cette longue odyssée à travers la Russie, le peintre fit une série de tableaux, des vues de Nijni-Novgorod, de Kasan, d'Astrakan, de Bakou, la capitale du pétrole, de Derbent et de tant de villes pittoresques de cette vaste région. Le césarévitch, actuellement empereur Alexandre III, a la bonne fortune de posséder ces belles et riches collections, dans lesquelles le vaillant peintre a prodigué tant de trésors de sa palette si riche et de son pinceau chaque jour plus souple.

Depuis son jeune âge, l'Empereur actuel avait témoigné à Bogoluboff une bienveillance hors ligne; plus tard, il l'emmena avec lui dans tous ses voyages en Russie et au Danemark, et il lui demanda de l'accompagner aussi dans ses voyages en France, en 1874 et 1877.

Qu'il soit dit en passant, et cela à la louange de l'empereur Alexandre III, qu'il a toujours aimé les beaux-arts; dans son dernier voyage en France, il dépensa 1,200,000 francs à des achats d'œuvres d'art, et c'est Bogoluboff qui dirigea et éclaira de son savoir d'artiste le choix des acquisitions de l'auguste collectionneur. Disons encore que pendant son séjour à Paris, le jeune Empereur alla visiter individuellement tous les pensionnaires de l'Académie russe, pour se rendre compte de leurs progrès.

En 1866, Bogoluboff se rendit en Allemagne et y

exécuta de grandioses marines de l'époque de Pierre le Grand. On peut encore citer de cet artiste ses *Vues de Venise, de Naples* et *d'Amsterdam*, placées au musée de l'Ermitage; *le Port de Saint-Valéry*, qui fait partie de la galerie particulière de l'Empereur actuel. Toute une salle de cette galerie a été affectée aux œuvres de Bogoluboff. Il y a là aussi un volumineux album de dessins et d'aquarelles faits par l'artiste pendant ses voyages en Russie et à l'étranger.

Plus tard, Bogoluboff fut choisi par le gouvernement russe comme représentant des beaux-arts à l'Exposition universelle de Paris en 1878.

Depuis que Bogoluboff est fixé à Paris, il a peint deux fresques remarquables pour la chapelle russe, l'une représentant *Jésus-Christ marchant sur les eaux* et *le Sermon sur le lac de Génézareth*, compositions puissantes et dont le caractère a si fort impressionné le monde artistique.

L'éminent peintre russe a achevé des toiles de grandes dimensions qui lui ont été commandées par Alexandre II, le libérateur des paysans et le souverain qui sut affranchir les Bulgares d'un joug exécré. Une de ces toiles représente l'exploit de la *Chouttka*, cette chaloupe porte-torpille, commandée par le vaillant lieutenant Skrydloff, qui attaqua une flottille turque et la mit en fuite, exploit qui faillit coûter la vie à l'illustre peintre Verechagin, qui fut grièvement blessé.

HENRI GERVEX

ENRI GERVEX est né à Paris en 1852. Le peintre de *Rolla* ressemble à Alfred de Musset jeune, d'où sans doute l'affinité et le culte du peintre pour le poète ; même regard doux et songeur, même incarnation du visage et de la barbe, il n'y a qu'un point de divergence : Gervex ne se coiffe pas comme le poète ; entre 1847 et 1883, il y a eu pas mal de transformations dans bien des choses et on suit la mode sans chercher à se faire une tête. Gervex n'est pas seulement un peintre de talent, mais c'est aussi un charmeur; comme son maître, Cabanel, il possède cette distinction et ce langage séduisant qui attirent.

En peinture, Gervex a toujours son originalité, et il va de l'avant, dédaigneux des insanités de l'impressionisme et leur préférant l'école et la manière de ses maîtres vénérés Brisset, Fromentin et Cabanel.

En 1873, il exposa pour la première fois une étude nue, *Baigneuse endormie;* l'année suivante : *Satyre jouant avec une bacchante*, œuvre remarquable, composition spirituelle, sincère et empoignante, coloris brillant, qui lui valut une deuxième médaille et l'honneur du Luxembourg. En 1875, il donna sa belle étude de *Job étendu sur le dos*, *Diane et Endymion*, toile pleine de poésie et de sentiment. En 1876, *l'Autopsie à l'Hôtel-Dieu*, qui fit crier quelque peu, c'était si réaliste, mais le jury ne fut pas de cet avis et Gervex fut mis hors concours par un rappel de seconde médaille ; *Dans un bois*, même année. *La Communion à l'église de la Trinité* (1877) fut acquise par l'État, suivie d'une *Tête de Christ mort*, qui appartient au comte de Couronnel. Dans l'entre-temps, Gervex exécuta *Faune jouant avec une bacchante, Bacchante jouant avec un enfant*, une *Bacchante qui presse un raisin*, délicieuses toiles suivies de la *Baigneuse dans son harem* et des *Portrait du peintre Brispot* et d'*E. Paz*.

Le tartufisme artistique, qui n'a d'égal que le tartufisme littéraire, fit refuser au Salon de 1878 cette toile merveilleuse qui s'appelle *Rolla*.

> Ainsi tous deux fuyaient les cruautés du sort,
> L'enfant dans le sommeil et l'homme dans la mort.
>
> (A. DE MUSSET, chant V.)

L'inepte administration des Beaux-Arts trouva cette toile immorale. M. Turquet, représentant la vertueuse *Anastasie* (lisez : *dame censure !*), vint demander l'exclusion d'un tableau acclamé par tous les artistes. Ah! pauvre Musset, pourquoi n'étais-tu pas ce jour-là de ce monde, pour administrer une bonne volée de bois vert à cette administration des Beaux-Arts et au puriste Turquet se permettant de juger l'œuvre d'un peintre comme Gervex! Le tableau fut exposé chez Bague, rue de la Chaussée-d'Antin, où il obtint un succès retentissant.

Ses œuvres suivantes furent : *le Retour du bal; Portrait de M*^{lle} *V...* (1879); *Souvenir de la nuit du 4*, toile élégiaque (1880); *le Mariage civil*, panneau décoratif pour la mairie du XIXe arrondissement; *Portrait de M. de G...* (1881); *Bassins de la Villette*, panneau décoratif destiné à la mairie du XIXe arrondissement.

Henri Gervex est chevalier de la Légion d'honneur. Ses travaux prouvent que le jeune maître vise haut et qu'il restera toujours un homme de goût et un raffiné de l'art.

Cette année, Gervex a envoyé *Bureau de bienfaisance*, panneau décoratif destiné à la mairie du XIXe arrondissement; composition très caractéristique.

JAMES BERTRAND

ELUI-LA est un peintre nourri à l'école classique. Il aime le romantisme, la tradition biblique, la mythologie ; il lui faut peindre les prototypes de l'amour, de la passion. Il prend ses sujets dans le vaste livre de l'amour. Il va de la Madeleine biblique à la Sapho païenne, de Galatée à Charlotte Corday, cette hystérique de la passion politique.

Né à Lyon, James Bertrand fit ses études à l'École de peinture de cette ville et fut ensuite recommandé par son maître Bonnefond aux deux peintres parisiens Perin et Orsel qui, ayant reconnu la valeur de celui qu'ils s'étaient chargés de protéger, lui demandèrent de les aider à la décoration d'une chapelle de Notre-Dame de Lorette. Dans l'entre-temps, le jeune Lyonnais fréquenta les cours de l'École des Beaux-Arts pour étudier la perspective.

A ses débuts, James Bertrand était loin de coucher

sur des monceaux d'or, mais il sut si bien se priver et thésauriser avec les 180 francs par mois composant tout son actif, qu'il put faire face aux dépenses d'un voyage à Rome où il se lia avec Clésinger, Soumy, Carpeaux, Cornélius, Falguière. Pendant son séjour à Rome, il exécuta *la Communion de saint Benoît* (1861) ; *les Femmes d'Alvito allant en pèlerinage à Saint-Pierre de Rome ; la Conversion de sainte Thaïs*, composition importante, qui valut à l'artiste une médaille de 3e classe (1861) ; quelques scènes de mœurs italiennes : *les Chauchards émigrant dans la campagne de Rome ; les Frères de la mort recueillant un homme assassiné ; le Pèlerinage dans les Abruzzes*.

A son retour à Paris, une Phryné fort remarquable lui fit décerner un rappel de sa première récompense ; la *Mort de Sapho* (1867) ; la *Mort de Virginie* (1869) fut acquise par l'État et placée au musée du Luxembourg ; la *Mort de Manon Lescaut*, la *Mort d'Ophélie* et la *Folie d'Ophélie*, sa *Marguerite*, *Roméo et Juliette*, *Jeune fille buvant à la source*, *l'Éducation de la Vierge* (1877) ; toutes ces toiles débordant de sentiment continuèrent ses succès que la direction des Beaux-Arts consacra en faisant décorer l'artiste pour bien marquer en quelle haute estime elle tenait son talent.

Les œuvres suivantes de James Bertrand sont : *la Charmeuse d'oiseau, le Saut de Leucade, Galatée et son amant Axis surpris par le cyclope Polyphème, l'Amour entrainant la Nuit sur la terre* (1881), *Une cigale chantant à la lune*, *Un guet-apens* qu'on a pu voir au Salon de 1882.

D'autres toiles : *Chloris*, *l'Écho et l'Aurore*, *les Petites curieuses, Sur le même fleuve,* font partie des collections particulières de l'impératrice Eugénie, du roi de Hollande et du vice-roi d'Egypte.

Alexandre Dumas fils possède *Marguerite en prison* ; *l'Éducation de la Vierge* orne l'église Saint-Louis d'Antin.

James Bertrand occupe, 11, place Pigalle, l'ancien atelier où le peintre Marchal, l'auteur de *la Loue des Servantes* et du *Choral de Luther*, s'est suicidé. C'est un lettré, un véritable bénédictin ferré à glace sur l'histoire, sa conversation spirituelle et séduisante attire vivement l'attention ; c'est un sympathique par excellence dont le regard doux tempère l'aspect martial de l'ensemble du visage.

FÉLIX BARRIAS

ÉLIX-JOSEPH BARRIAS est né à Paris en 1822. Belle tête sur laquelle il a un peu neigé, front découvert sur lequel on lit : intelligence, puissance et réflexion. Cette vie remplie par des œuvres importantes, n'a pas empêché Barrias de trouver encore le temps de former des élèves, qui tiennent aujourd'hui les premiers rangs parmi les peintres, tels que Guillaumet, Vibert, Berne-Bellecour, Pille, Georges Bertrand, etc. Il est resté, malgré ses succès, l'homme très simple, très bienveillant, le chercheur infatigable qui ne dut son talent et sa réputation qu'à son travail et à sa persévérance.

Son père, peintre sur porcelaine, l'initia à l'art et à seize ans il gagnait déjà sa vie. Entré à l'atelier de Léon Cogniet, il remporta, en 1844, le premier grand prix de Rome. A partir de cette époque, il figure avec honneur dans toutes les expositions annuelles.

Au Salon de 1847, sa *Sapho* et *Une jeune Italienne* lui

valurent une médaille de 3e classe. En 1850, il se révéla entièrement dans son célèbre tableau *les Exilés de Tibère*. Cette toile, qui est au Luxembourg, fut saluée par la presse. Dans une donnée nouvelle, elle alliait les qualités de la composition avec le réalisme d'un sujet qui semblait avoir été vécu par l'artiste. Ce tableau lui fit obtenir une médaille de 1re classe, récompense très rare alors. *Les Exilés de Tibère* reparurent à l'Exposition universelle de 1855 et eurent un nouveau succès ; il obtint une deuxième médaille. Il avait exposé en même temps les *Pèlerins se rendant à Rome pour le jubilé de* 1300 (au musée de Laval). Le gouvernement commanda à Barrias une grande composition militaire : *le Débarquement des troupes françaises à Old-Fort, pendant la guerre de Crimée*. L'artiste se dépassa encore et reçut, en 1859, la croix de la Légion d'honneur.

A partir de cette époque, l'artiste se consacra à la peinture décorative et, tout en exécutant sa *Conjuration à Venise en* 1530, il fit pour le musée d'Amiens une vaste composition représentant *la Gloire couronnant les grands hommes picards* (coupole du musée), puis l'*Epitre à Mécène* (Salon de 1864).

En 1867, il décora toute la partie droite de l'église de la Trinité et une partie du chœur, où il développa de grandes qualités de composition et d'exécution en restant toujours parfaitement original.

Après avoir fait, à Londres, pour le marquis de Westminster, des peintures décoratives d'un grand effet, il fut chargé de peindre, en 1874, pour le nouvel Opéra, dans le salon du foyer, *la Glorification de la musique*. Puis il peignit successivement en 1877 *la Chapelle Sainte-Geneviève*, à la Trinité ; *l'Histoire des jeux*, au Cirque d'Hiver ; *les Éléments* et *les Saisons*, à l'hôtel du Louvre ; des tableaux pour les églises Saint-Eustache, Saint-Louis, Sainte-Marie de Clignancourt, pour le musée d'Amiens, etc.

Ses œuvres plus récentes sont : le *Portrait de M.***, colonel aux chasseurs d'Afrique* (1879) ; *Portrait de M. André B...* ; *Portrait de jeune fille* (1880) ; *le Mont-Dore au temps d'Auguste : bain de vapeur* (Salon de 1882), voie toute nouvelle.

Barrias cherche aujourd'hui le plein air, son dessin est correct et sa composition magistrale.

FÉLIX GIACOMOTTI

ÉLIX-HENRI GIACOMOTTI est né à Quingey (Doubs). Belle tête, une forêt de cheveux déjà poivre et sel, moustaches bien relevées, poitrine puissante ; c'est un de ces hommes dont l'ensemble plaît. C'est un érudit, un lettré aussi friand des nouveautés littéraires que des manifestations de l'art.

Il fit son entrée dans les arts par la lithographie, tout en fréquentant l'École de dessin de Besançon qu'il quitta pour commencer la peinture et vint à Paris où il entra dans le célèbre atelier de Picot, suivit les cours de l'École des Beaux-Arts et remporta toutes les récompenses et le grand prix de Rome (1854), sujet : *Abraham recevant les anges*. Jusqu'à ce moment, il fit de nombreux portraits pour suffire à ses besoins, puis des tableaux : *Saint Joseph, Saint Martin,* le *Baptême de Clovis,* une *Assomption,* pour des églises de province.

Il partit pour Rome d'où il envoya un *Saint Sébastien,* un *Saint Vincent, Nymphe et Satyre,* le *Martyre de saint Hippolyte,* des copies de maîtres. De retour à Paris (1861), il fit un *Saint Hilaire ressuscitant une jeune fille, l'Amour se désaltérant, Aréthuse,* le *Bain d'un Romain, Agrippine quittant le camp de Germanicus,* le *Christ*

bénissant les enfants, la Pentecôte et le Christ au milieu des docteurs, dans une même chapelle à Saint-Étienne-du-Mont ; Vénus désarmant l'Amour, Carméla mettant une dernière épingle à sa toilette, Italienne vendant des oranges, Artémise se coiffant, Mendiantes.

Des peintures pour appartements particuliers : le Soir, le Matin, Été, Automne, Printemps et Hiver (en Russie) ; la Paix, la Guerre, la Famine, la Peste, grandes peintures ; Léda, Diane, Endymion, Narcisse (Russie).

Tableaux Louis XV pour panneaux décoratifs dans un salon à Lyon : la Sérénade, le Billet, Fête champêtre. Nombreux portraits, parmi lesquels Ed. About et Le Verrier.

La Gloire de Rubens, plafond au Luxembourg ; la Sainte Famille, à Notre-Dame-des-Champs ; la Nuit ; le Centaure et la Nymphe. La plupart de ces tableaux ont été exposés. Les récompenses du peintre sont : le grand prix de Rome, trois médailles 1864, 1865 et 1866, enfin la Légion d'honneur en 1867.

Quelle activité que celle de ce peintre aussi fécond qu'amoureux de la forme et du fini de son œuvre ! Il passe rapidement du sacré au profane, de la peinture religieuse à la peinture du nu, mais il le fait avec art et avec originalité, se gardant toujours de l'exagération et de la banalité. Il est toujours intéressant, harmonieux et empoignant aussi, quand son sujet le comporte.

ALBERT AUBLET

LBERT AUBLET est né à Paris (le général Thibaudin est cause que nous ne donnons pas la date de sa naissance, car il a envoyé le jeune artiste à Falaise pour y apprendre pendant vingt-huit jours le service de la patrie). Cl. Jacquand et Gérôme ont formé ce vigoureux peintre. Qui donc contesterait son mérite ? Sa place n'est-elle pas marquée dans notre galerie par des succès d'estime ? Tous les peintres arrivés et ceux qui sont en passe d'atteindre la notoriété, reconnaissent son talent.

En 1873, il débuta au Salon par *Un intérieur de boucherie au Tréport,* acquis par Alexandre Dumas fils, le jour du vernissage, et qu'Aublet appelle « son meilleur souvenir ».

En 1876, *Néron empoisonnant des esclaves,* acquis par le musée de Saint-Étienne.

En 1877, *Jésus apaisant la tempête,* belle toile qui orne l'église du Tréport.

Le duc de Guise chez Henri III à Blois, exposé au Salon de 1878, fait aujourd'hui partie de la collection Vanderbilt.

En 1879, *Lavabo des réservistes*. — Cette toile populaire appartient à M. Courcelles; elle fit donner à son auteur une mention honorable, récompense insuffisante, de l'aveu de tous.

Son exposition de 1880, *Portrait de femme en noir* et *le Duc de Guise au Louvre, chez Henri III*, fut une revanche pour le jury qui décerna à Aublet une médaille de 3ᵉ classe.

En 1881, *Portrait d'enfant en blanc* et *Salle d'inhalation, au Mont-Dore*.

En 1882, *Portrait de la comtesse de L...* et *Cérémonie des derviches hurleurs à Scutari*. Ce dernier tableau a été très remarqué et dénote chez Aublet un progrès incessant vers la conquête de l'art.

Cette année, il a envoyé un *Portrait d'enfant* et *Sur les galets* (au Tréport), et aux Arts décoratifs : *Derviche en prière*, *Deux panneaux de fleurs* et *Femme turque au bain*.

Vous verrez qu'Aublet nous reviendra avec des croquis pour donner un pendant à son *Lavabo des réservistes*. Dans ce cas, le rébarbatif ministre de la guerre aura rendu un service à l'art.

FERDINAND GUELDRY

oseph-Ferdinand Gueldry est né, le 21 mai 1858, à Paris, de parents alsaciens. C'est un magnifique gars, charpenté pour la lutte, au teint mat, au poil noir, au regard puissant. C'est un canotier intrépide, qui a obtenu bien des fois la victoire.

Entré à l'atelier de Gérôme en 1874, il l'abandonna en 1878 pour remplir ses devoirs militaires; il exposa avant son départ, en 1878, *Deux portraits*, celui de son père et celui de sa mère. En 1880, il exposa *Deux grands portraits*, celui de son frère et celui de M. G. Morris.

En 1881, s'étant occupé de nautique, il exécuta une première toile, *Une régate à Joinville*, qui fut généralement goûtée et dans laquelle l'équipe dont il faisait partie était représentée. Encouragé par ce premier succès, il peignit l'année suivante *Course de skiffs: l'ar-*

rivée, toile très audacieuse et pleine de vie, moderne comme facture.

En 1883, il a envoyé *Un passeur*.

Bertall a dit de Gueldry : « C'est un élève de Gérôme qui a combiné la manière de son maître avec celle de Manet, son antipode. » Chassagnol du *Gil Blas* a écrit sur Gueldry une appréciation fort vraie : « Il boit dans son verre et ce verre est du meilleur cristal. » Carjat s'est exprimé en ces termes à son sujet : « Il voit juste, il aime le soleil, les tons fins et ambrés, — c'est un observateur loyal, il n'escamote rien. »

Son exposition de cette année mérite l'attention et classera définitivement le jeune peintre parmi les hommes de l'avenir.

AUGUSTE HAGBORG

uguste Hagborg est né à Gothembourg (Suède), il est élève de l'Académie des Beaux-Arts de Stockholm. Stature majestueuse, tête caractéristique et belle ; on sent l'homme fort et l'artiste, le lutteur infatigable ; on voit le talent rayonner dans ce regard inspiré et doux comme les yeux de ces belles Suédoises teintés du beau bleu de la mer. Ce fort sera un jour un des maîtres de l'époque ; on pressent son avenir ; tout est robuste et vigoureux dans son talent incontesté aujourd'hui.

Hagborg, qui honore sa patrie par son talent remarquable, a reçu une médaille de 3e classe au Salon de 1879. Il a un tableau au Luxembourg : *Pêcheurs de crevettes à la marée basse.*

En 1881, il a présenté une toile fort appréciée : *la Bénédiction d'une barque de pêche.*

Ses œuvres se trouvent dans la plupart des galeries importantes, et le peintre suédois est fort goûté aussi en Amérique, où il envoie chaque année de charmants tableaux qui ont un grand succès.

En 1882, il a exposé *la Récolte des pommes de terre.* Un vigoureux paysan verse un panier de pommes de terre dans un sac que lui tend une jeune paysanne à la taille bien prise, au corsage ferme et presque élégant. Il y a loin de cette manière à celle des peintres qui nous représentent les *travailleuses* des champs en chemises ouvertes et à jupons courts.

Hagborg nous fait de belles filles grandes et sveltes, mais il nous les fait chastes. Rien de débraillé dans leur mise. On travaille, mais on sait se tenir. Le paysan est un beau gars solidement campé.

Le sol, d'où sort le légume cher à Parmentier, est vigoureusement peint. Le deuxième plan est soigné. Il y a là une ramasseuse de pommes de terre tout à sa besogne et remplissant sa corbeille.

Bon tableau, bien brossé.

Nos sincères compliments à l'Académie des Beaux-Arts de Stockholm et à Palmaroli, qui ont formé un peintre qui aborde tous les genres et dont nous avons eu l'occasion de voir un joli tableau intitulé : *Fille de pêcheur*, à l'Exposition de l'art scandinave.

Son exposition de 1883, *Au cimetière de Tourville (Manche),* est une toile aussi sincère que poétique.

LUIS FALÉRO

uis Faléro est né à Grenade, le 23 mai 1851. Celui-là est bien Espagnol bon teint, qui n'a rien de commun avec les Espagnols des Batignolles. Charmant cavalier, comme on dit en Andalousie, tête fine, expressive, yeux noirs, cheveux coupés au ras du front, barbe en pointe et moustaches en croc; c'est un portrait descendu d'un tableau de Velasquez qui marche, avec cela un teint mat. Le mouvement fait homme, l'activité la plus étonnante et un pinceau infatigable. Tous les jours, de quatre à six heures de modèles divers et avec cela six heures de travail et de méditation. Ce qui n'empêche nullement ce causeur aimable et caustique de tenir salon, de recevoir l'élite de la société parisienne et de trouver encore le temps d'être aimable avec ses hôtes.

Faléro était destiné à prendre rang dans la marine espagnole. Ses parents lui donnèrent une brillante éducation; il entra d'abord au collège de Richmond, en

Angleterre, pour se familiariser avec la langue anglaise, puis il étudia dans un lycée de Paris.

En 1866, il retourna en Espagne pour entrer à l'École navale, mais sa vocation pour la peinture, qui s'était déjà traduite en Angleterre par quelques aquarelles, l'entraîna si irrésistiblement, qu'un beau matin il se prit de dégoût pour la carrière de marin et s'enfuit clandestinement à Paris. Comme il n'avait pas cru devoir prévenir son père de son projet, sa bourse de voyage ne se composait que de quelques louis ; il dut faire une partie de la route à pied.

A Paris, il lutta pour le pain quotidien, souffrit, et cela avec d'autant plus de courage, qu'il savait que son père ne lui aurait pas refusé les louis du retour, quitte à lui infliger une mercuriale bien sentie et à le renvoyer à l'École navale.

Sa bonne étoile le fit rencontrer avec un des hauts fonctionnaires du ministère que dirigeait le maréchal Vaillant. Il était sauvé : il fit des portraits au crayon, le métal cher à Danaé tomba peu à peu dans son porte-monnaie, il put vivre fier et indépendant dès l'âge de dix-sept ans.

Faléro est le fils de ses œuvres, il a toujours travaillé seul. Un jour de découragement, il abandonna l'art pour les mathématiques et les études scientifiques. Cet électriseur du *nu* rêva de devenir électricien, scientifiquement parlant. En 1876, il inventa même une lampe à tige de charbon alimentée par un jet d'oxygène. Il étudia avec un tel acharnement que sa vie fut en danger et il dut répudier la science pour retourner à la peinture.

Il fit du *nu :* « J'affectionne le *nu*, dit Faléro, non-
« seulement parce que c'est ce que je trouve de plus
« difficile, mais c'est parce que c'est pour moi l'expres-
« sion la plus parfaite de la beauté chez la femme. Et
« je cherche sans préjugés de pudeur, préjugés dépla-
« cés en art, à rendre la grâce féminine telle que je la
« vois. Je suis loin d'y arriver encore, mais j'espère
« pouvoir faire mieux dans la suite. »

Faléro a peint une grande quantité de tableaux. Qui ne connaît pas sa *Galatée devant Pygmalion en extase ?* Quelles charmantes toiles que ses *Charmeuses de serpents*, ses *Faunes enlevant des nymphes*, ses *Femmes* arabes, égyptiennes, syriaques et tziganes ! On a de lui une *Fumeuse d'opium* en pleine extase, une sensuelle créature hystérisée, enfoncée dans des coussins de satin blanc ; *les Sorcières allant au sabbat*, série de femmes adorables, aux formes appétissantes et gracieuses ; *le Modèle*, étude traitée de main de maître ; *la Vision de Faust* avec l'épigraphe : « Le charme opère, il est à nous ! » — c'est Faléro qui nous a charmé alors, bien plus que Faust fut charmé par sa vision. *L'Étoile double*, au Salon de 1881 ; *la Planète de Vénus* et *la Ba-*

ance du Zodiaque (1882). Quelle suavité de formes dans ces femmes nues !

Faléro est toujours en progrès : son dessin est harmonieux. « Il sait composer, il sait peindre, — dit Montrosier, — que lui manque-t-il pour s'imposer ? » — A cette question, une simple réponse : Les œuvres de Faléro font leur chemin de par le monde, et qu'on patiente quelque peu, dans quelques années, deux toiles du plus pur romantisme verront le jour, les esquisses sont connues de quelques intimes du jeune peintre et le jour où son brillant pinceau les aura couchées sur la toile, je vous le dis, Faléro s'imposera même à l'esprit de ses détracteurs, qui deviendront ses admirateurs.

Sursum corda, Faléro ! Bravo pour *la Prière à Isis*, 1883 !

JEAN BENNER

ean Benner est né à Mulhouse en 1836 ; il est élève de Pils, Henner, Hamon et Bonnat. Grand, mince, figure sympathique, la barbe taillée en pointe et la chevelure poussant dru, sans ordre comme sans règle. Type de peintre, cœur de patriote. En voilà un pour qui le retour de l'Alsace et de la Lorraine à la France est le rêve le plus ardent ! La plus belle récompense que le jury pourrait lui accorder un jour, serait de l'envoyer planter le drapeau tricolore sur la mairie de Mulhouse. Il est frère jumeau d'Emmanuel Benner.

Jusqu'à l'âge de trente ans, il ne s'occupa guère que d'art industriel. En 1866, il fit un voyage d'études artistiques en Italie où il prit les sujets d'un certain nombre de tableaux qui ont passé à différents Salons.

Depuis 1859, il a exposé une grande quantité d'œuvres faites avec goût.

Voici les principales :

Après la tempête (2ᵉ médaille en 1872, hors concours); *Escalier d'Anacapri; Baptême à Capri; Sérénade à Capri; Fleurs; Pélasges enlevant des femmes d'Athènes; Pêcheurs antiques; Briséis et Patrocle; Épaves; Portrait de Scheurer-Kestner; Alsace* (triptyque); *Une rue à Capri* (1880); *Carméla au mont Solar; Une maison à Capri* (1881).

Au Salon de 1882, Jean Benner exposa : *Mazzarella* (tête de profil); *Jeunes filles allant à la fontaine* et *Capri*.

Toutes les œuvres de Jean Benner sont marquées au sceau du talent et de l'étude ; il possède une grande correction du dessin ; son style est élevé. Ce n'est pas un coloriste audacieux ; dans ses colorations il recherche le calme, l'harmonie et la sincérité, c'est un talent véritable, qui a déjà donné sa note dans plusieurs genres et a toujours prouvé qu'il était apte à tous les genres.

Cette année il a exposé de superbes *Pivoines* et une *Alsacienne*.

> Dédaignant caresse et menace,
> Restant fidèle à mes amours,
> Je conserve, quoi que l'on fasse,
> Mon cœur à la France, toujours.

LÉON BARILLOT

éon Barillot est né à Montigny-lès-Metz en 1844. Ce digne fils de la Lorraine est un rustique qui n'a rien de commun cependant avec le paysan du Danube quant à la tenue et à la correction du langage, mais c'est le peintre de la vie des champs, des paysans et de leurs compagnons les bœufs aux cornes superbes, les vaches laitières, les chevaux galopant dans la prairie, les moutons à la belle toison, les chiens, ces vigilants défenseurs du troupeau et de la maison. Tête expressive, taille bien proportionnée, il y a de l'énergie dans ce Lorrain aux cheveux chatains et au teint mat, qui ferait un fier troupier à l'occasion.

Son père, chef d'une importante industrie, le destinait à le remplacer dans sa fabrique de papiers peints, mais le jeune Barillot préféra la peinture à l'industrie. Son premier maître fut Cathelineau, peintre de Metz qui ne fut pas sans mérite, et il fréquenta l'École de dessin de cette ville tout en terminant brillamment ses études au lycée.

Barillot passa quelque temps à Paris pour compléter son éducation artistique, puis il revint à la fabrique paternelle où il dut faire des masses de dessins industriels, qui n'avaient certes pas le don de l'amuser. Fatigué de ce travail purement matériel, il tira sa révérence aux papiers peints et retourna à Paris où il entra à l'atelier Bonnat ; puis entreprit une série de voyages d'études en Normandie, en Bretagne, en Auvergne, en Bresse, en Hollande, dans l'est de la France. Pendant ces excursions, il lui arriva une drôle d'aventure : étant en Auvergne en 1876, il y fut arrêté comme espion prussien et conduit *manu militari*, entre deux gendarmes, au commissariat d'Aurillac.

Sa première exposition date de 1869 ; c'était un paysage et des fleurs.

En 1870, il envoya *Un coin de la forêt de Saint-Odile;*

En 1872, *la Mare aux fées*, forêt de Fontainebleau.

En 1873, il se révéla comme animalier. Ses principales toiles sont :

1874 : *La vieille Charlotte et sa vache ;*

1875 : *Les Marais de Cricqueville* et *La Fontaine;*

1876 : *Le Retour des champs* (Lorraine) ;

1877 : *Le vieux Jacques et ses bêtes*, acheté par l'État, et *la Ferme de Louëdin*, achetée l'année suivante à l'Exposition universelle pour la Loterie nationale ;

1878 : *Le Gué de Las-Laudies* (Auvergne), médaillé à l'Exposition de Melbourne ;

1879 : *La Ferme d'Onival, les Marais d'Hautebut*, tableau acheté par l'État ;

1880 : *Les Étangs de Saint-Paul de Varax*, acheté par l'État et qui valut à l'auteur une médaille de 3e classe;

1881 : *Un troupeau dans les Dombes* et *les Bêtes de Seurette* (Lorraine) ;

1882 : *Le Marché de Quettehou* (Manche).

Toutes ces œuvres sont intéressantes; c'est clair, fin, lumineux, franc d'allure, c'est la nature traduite sincèrement. Ce que Barillot n'expose pas, ce sont ses charmantes lettres écrites avec tant d'esprit. Le peintre est doublé d'un élégant littérateur, poète à ses heures, élégiaque, sentimental et surtout patriote, comme il convient à une intelligence d'élite qui voit sa terre natale arrachée à la patrie française.

En 1883, il a envoyé : *Coups de vent sur les bords de la Manche* et *Noiraud et sa mère*.

ALEXANDRE RAPIN

Lexandre Rapin est né à Noroy-le-Bourg (Haute-Saône) en 1840. Tête de penseur sur un grand corps mince, mais vigoureusement charpenté. C'est une physionomie attrayante; il y a là un triste, un songeur, qui se déride quelque peu quand il parle de l'art. C'est de plus un modeste, peu parleur en ce qui le concerne, mais plein de chaleur et d'effusion quand il parle de ses maîtres, Gérôme et Français, pour lesquels il a la plus grande adoration. Il sait produire les inconnus qui ont du talent.

Il débuta au Salon de 1867 par un *Sous bois* qui attira l'attention des artistes.

Aux expositions suivantes, et notamment en 1868, 1870 et 1873, ses envois ne furent pas moins remarqués par les artistes, le public et la critique. Déjà il était classé parmi les artistes les plus sincères et connu comme un paysagiste doué d'un grand sentiment poétique.

Une médaille de 3ᵉ classe lui fut accordée en 1875. Deux ans après, il reçut une médaille de 2ᵉ classe, la plus haute récompense donnée au paysage cette année-là.

En 1880, Rapin fut nommé membre du jury; en 1881, membre du comité des artistes et du jury; en 1882, il fut revêtu de la même distinction et on le retrouve; en 1883, de nouveau membre du jury avec le vingt-deuxième rang.

Parmi ses principales œuvres, nous rappellerons :

Le Ruisseau Sarrazin (1870) ;

Le Ruisseau de Frayniers (1873) ;

La Rosée (1875) ;

L'Automne à Cernay (1877) ;

Le Matin dans le Val-Bois (Doubs) et *Bords de la Loue à Scey* (1879);

L'Hiver dans le bois de Cernay et *le Matin à Frœschwiller* (Alsace) (1881);

Le Puits noir (Franche-Comté) et *Ruisseau en Franche-Comté* (1882) ;

Son exposition de 1883 comprend : *l'Averse* et une belle *Marine*. La première de ces œuvres est l'une des plus importantes de l'artiste, nous dirons même la plus importante et aussi la plus intéressante.

Grand touriste, Rapin vient d'accomplir un voyage d'études en Autriche, en Hongrie, et il a poussé jusqu'en Roumanie, d'où il a rapporté des études pour un de ses prochains tableaux.

EMMANUEL BENNER

MMANUEL BENNER est né à Mulhouse en 1836. Frère jumeau de Jean Benner, il en est le portrait frappant, tant au physique qu'au moral. Peintre de talent et Alsacien au cœur chaud, il s'est enrégimenté dans le bataillon sacré de l'art et il est prêt à faire quelque jour le coup de feu, quand il faudra affermir son patriotisme à la barbe des orgueilleux conquérants d'aujourd'hui.

Comme son frère, il fit ses débuts dans le dessin industriel et s'adonna complètement à la peinture à l'âge de trente ans, sous la direction de Henner et de Bonnat.

Ses principaux tableaux sont ·

1875 : *L'Abandonnée* et *une Espagnole* ;

1876 : *Madeleine* ; *les Captifs* ;

1877 : *Vénus et Adonis* ; *les Tireurs d'arc* ;

1878 · *Une famille de l'âge de pierre* ; *Portrait de Mlle G...* ;

1879 : *Chasseurs à l'affût ; Dormeuse,* qui lui valurent une mention honorable ;

1880 : *Les Baigneuses ; les Cygnes ;*

1881 : *Le Repos.* Cette œuvre remarquable lui valut une médaille de 3ᵉ classe.

En 1882, il exposa une toile fort remarquable, *Baigneuses,* et un *Portrait de Mlle B. C... Les Baigneuses* firent sensation au Salon : ce sont trois superbes femmes, deux vues de dos et la troisième de face et assise. On sent dans cette belle composition les conseils de Henner, le maître alsacien, c'est plus beau que de la peinture académique. Formes opulentes chez l'une, charpente merveilleuse chez l'autre, la troisième semble trôner au milieu de ses compagnes comme une reine de beauté. Quel séduisant pinceau que celui de Benner et comme il sait inonder un tableau de lumière et de coloris ! La scène se développe dans un paysage surprenant de chaleur et de vie, brossé de main de maître et sans tons criards. Tout est bien compris dans ce tableau, et Benner rend fort bien le côté si difficile d'un paysage animé : l'eau est superbe de clarté.

Le jeune maître occupe désormais une place importante parmi les peintres de genre et personne ne conteste son talent.

RAPHAEL COLLIN

Louis-Joseph-Raphael Collin est né à Paris, le 17 juin 1850. Celui-là a déjà marqué sa carrière par plus d'un succès. Ce grand diable de corps a véritablement le diable au corps. Sa tête énergique indique la pensée qui travaille et le voilà aussitôt devant son chevalet, reproduisant avec le pinceau ce que l'inspiration lui a dicté. Avec ses moustaches relevées et sa barbiche au vent, il a l'air d'un officier de cavalerie prêt au commandement. Il y a chez lui de la volonté, une grande puissance de travail et un talent robuste qui dédaigne les mièvreries de la peinture de commande.

Il fit ses études au lycée Saint-Louis et au collège de Verdun avec Bastien-Lepage. En 1869, il entra dans l'atelier de Bouguereau, puis il alla chez Cabanel où il retrouva Bastien-Lepage, Gervex, Cormon, Morot, Benjamin Constant.

Il dédaigna le concours de Rome et exposa dès 1873.

Son tableau *le Sommeil* lui fit décerner une seconde médaille. Ce tableau représente une femme nue étendue sur un divan, montrant des formes splendides, le bras droit relevé, le bras gauche reposant sur une fourrure sombre qui offrait un heureux contraste avec les chairs laiteuses de la dormeuse. Ce tableau est au musée de Rouen.

En 1874, il exposa deux figures de femmes dans le style du xvie siècle.

En 1875, il donna *Une idylle :* une jeune fille nue, dans un bois, mire sa beauté dans l'eau d'une source ; figure chaste, formes délicieuses. Ce tableau a été acheté par le musée d'Arras.

En 1876, *Portrait de Jane Essler* sur fond or, pour le foyer de l'Odéon, son rôle dans les *Beaux messieurs de Bois-Doré*.

En 1877, il envoya au Salon *Daphnis et Chloé*, acheté par l'État pour le musée d'Alençon. Cette belle composition a un charme particulier, la scène des deux amants se passe dans un paysage merveilleux. Ici des lianes indisciplinées, là un filet d'eau limpide, avec des iris épanouies.

En 1878, Collin quitte Longus et les traditions poétiques de la Grèce pour faire deux portraits d'hommes, celui du peintre d'émaux Grandhomme et celui de son père lisant son journal à l'angle d'une fenêtre.

L'année suivante, il exposa le *Portrait de M. Hayem père* et un *Portrait de jeune femme*.

En 1880, *Sa sœur dans un jardin* et *la Musique*, panneau décoratif pour le théâtre de Belfort.

En 1881, *la Danse*, panneau décoratif pour le théâtre de Belfort : dans un ciel d'apothéose, baigné d'une lueur blonde et dorée, une jeune femme vêtue d'une gaze légère danse en s'accompagnant du tambourin ; au second plan, un pâtre souffle dans les tuyaux de la flûte de Pan. Ces deux compositions s'accommodent bien aux milieux qu'elles sont destinées à décorer. La fantaisie en est originale et neuve et l'arrangement harmonieux. C'est délicat, artistique et très intéressant.

En 1882, *Une idylle* peinte en plein air, c'est du nu, (ce tableau a été acheté par M. Davis de New-York pour le maître américain Gudney Bunce), et le *Portrait de Mlle Salla*, de l'Académie nationale de musique.

Collin est aussi artiste dans la décoration sur faïence, on sait la vogue de son exposition de 1878, un de ses types a été acheté par l'État et fait partie de la collection du musée de Sèvres. A Limoges, à l'Académie royale de Worcester, chez le grand faïencier Minton, de Londres, et dans beaucoup de musées étrangers, on trouve de ses faïences que se disputent partout les amateurs. Un de ses portraits sur faïence est présent à la mémoire des fidèles de l'art, c'est celui de Mlle Rosine Bloch de l'Opéra.

AIMÉ MOROT

IMÉ-NICOLAS MOROT est né à Nancy, le 16 juin 1850. C'est un vaillant, à la figure fine, intelligente, au regard expressif. Quand il n'est pas à son chevalet, il est à cheval, il adore l'équitation et préfère les chevaux les plus capricieux. C'est un rude lutteur, qui dompte les difficultés de l'art comme il excelle à dompter les chevaux.

En 1873, il obtint le prix de Rome. Sa composition porte le titre *Super flumina Babylonis*.

En 1876, il débuta au Salon par une figure nue représentant le *Printemps* et le jury lui décerna une troisième médaille.

En 1877, il obtint une deuxième médaille pour sa *Médée* dont personne n'a perdu le souvenir.

En 1879, il envoya au Salon une grande composition, un *Épisode de la bataille des Eaux-Sextiennes* et reçut, une première médaille.

En 1880, son *Bon Samaritain*, composition superbe, traitée si magistralement et avec tant de vérité, lui valut la médaille d'honneur et les applaudissements de la critique entière. L'État eut le tort de ne pas acheter ce tableau pour le musée du Luxembourg.

En 1881, Aimé Morot exposa un *Portrait de M{^{lle}} M. A...* et *la Tentation de saint Antoine*, toile magistrale dont les regards de certains pharisiens se détournèrent avec horreur. Eh quoi ! — un prix de Rome, l'auteur du *Super flumina Babylonis* et du *Bon Samaritain*, un peintre presque biblique changeait tout à coup sa manière, sans crier gare, et osait représenter une belle fille nue tirant la barbe de saint Antoine, le provoquant de ses caresses ! — *Non licet*, c'est indécent, c'est odieux, c'est une profanation ! Ah ! Messieurs les dévots, gens à bonnes mœurs et autres puristes de la forme, comme vous vous êtes trompés ! Le public, lui, avec son bon gros bon sens, sa petite jugeotte, a applaudi encore une fois à l'audace du jeune maître qui avait préféré peindre une belle fille amoureuse, si tentante pour le brave puritain de saint Antoine, que de mettre tout son art à peindre l'animal dont on fait habituellement le compagnon de l'anachorète.

En 1882, il exposa deux *Portraits de femmes*.

Pour ce Salon, Morot a envoyé une toile superbe, *Martyre de Jésus de Nazareth*, qui fera certainement du bruit.

Somme toute, le jeune maître jouit chaque jour davantage de la faveur de ses illustres devanciers et de celle du public et cela lui suffit entièrement.

PIERRE-ÉMILE BERTHÉLEMY

ierre-Émile Berthélemy est né à Rouen en 1827. Ce peintre intéressant a diablement pioché depuis qu'il tient un pinceau; l'arbre est sain et vigoureux et a produit souche de peintre, c'est-à-dire que Berthélemy a un fils, gars bien planté, qui fait déjà du tableau, ce qui ne l'empêche nullement d'avoir un talent toujours jeune. L'ensemble de la figure plaît, les lignes sont accentuées, les yeux sont bleus. Bien aimable ce Normand. Le long des murs de son atelier, des études superbes, une *mer par un coucher de soleil*, vrai régal pour un connaisseur, et un portrait de Corot avec cette légende : « A mon bon ami Berthélemy. — C. Corot. »

Il entra à l'atelier de Léon Cogniet, où il fit ses premières études de figure d'après nature. Admis ensuite au concours de l'École des Beaux-Arts, il en suivit les cours pendant quelques années, puis abandonna les études académiques et commença à s'inspirer seul et directement de la nature.

Un goût très vif pour la marine porta, dès le début, Berthélemy à s'adonner à ce genre, qui se développa devant l'aspect grandiose et imposant de la mer qu'il vit dans une excursion qu'il fit en Bretagne, dans le Finistère. Son premier essai au Salon, en 1817, fut *le Combat de Saint-Vaast-la-Hougue*. Parmi les principaux tableaux qu'il a exposés depuis cette époque sont : *l'Évasion de Jean-Bart* (Salon de 1849); *Après la tempête* (Salon de 1859), acquis pour le musée de Rouen ; *Un incendie en mer* (Salon de 1861); *« le Vauban », vaisseau-transport de l'État, désemparé de son grand mât* (Salon de 1864), acquis par le Ministère des Beaux-Arts pour le musée du Puy ; *« le Maréchal-de-Villars », paquebot du Havre à Dunkerque, entre en relâche forcée à Fécamp* (Salon de 1865); ce tableau fut admis plus tard à l'exposition internationale de Porto (Portugal), où il a remporté une médaille de 2ᵉ classe ; *le Naufrage du Borysthène* (acquis par le Ministère des Beaux-Arts pour le musée de Lille); ce tableau, après le Salon, fut classé dans le petit nombre des marines admises à l'Exposition universelle de 1866-1867 ; *Vue de Barfleur* (Salon de 1868); *Naufrage du transport de l'État « l'Europe », échoué sur un banc de corail de l'îlot le Triton* (Salon de 1869); ce tableau, admis, après le Salon, à l'exposition d'Anvers, a été acquis par le consul anglais ; *la Prise de Canton*, œuvre commandée par le ministre de la marine ; *Une vue de Dieppe* et *Une vue de Rouen* (Salon de 1874); *Une orgie bretonne sur la plage* (Salon de 1876) ; *la Plage d'Armelles* (Exposition universelle de 1878), acquis par l'État.

Berthélemy a obtenu, outre la médaille que nous avons rappelée : une mention honorable à Paris et deux diplômes d'honneur à Amiens et à Montpellier ; diverses médailles à Rouen, Alençon, Montpellier, Boulogne-sur-Mer, Caen, Périgueux ; une médaille de 2e classe à l'exposition internationale maritime du Havre ; une médaille à l'Académie des sciences et arts de Rouen. Enfin il a fait un certain nombre de planches de la collection de l'illustration de la Société des aqua-fortistes.

Bateaux pêcheurs (Salon de 1881) ;

Barque de pêche relevant son chalut (Salon de 1882), acquis par l'administration de la ville de Rouen pour le musée et récompensé d'une médaille d'or.

En 1883, *Barque de pêche accostant la plage à marée haute* et *Mer houleuse,* excellentes toiles, fort goûtées par la critique.

GUSTAVE PINEL

ustave-Nicolas Pinel est né aux Riceys (Aube) en 1844. Un sympathique et un artiste d'avenir. D'un commerce agréable, bon camarade, élogieux pour les autres, il est sévère pour lui-même et travaille le plus et le mieux qu'il peut pour arriver à la notoriété. C'est un tenace de l'art, un opiniâtre qui ne reculera pas devant la lutte et ira toujours de l'avant.

Tout jeune, il faisait des croquis partout et à propos de tout; c'était un petit prodige. Il ne rêvait que peinture, mais ses parents n'étaient pas riches et sur leurs instances il essaya du commerce. Il n'y brilla pas, malgré tous les efforts qu'il déploya pour réussir.

Le hasard l'arracha à cette tâche ingrate : un conseiller général de son département vit quelques-uns de ses croquis, il demanda et obtint pour lui une pension. Il partit pour Troyes, suivit les cours de l'École de dessin et vint ensuite à Paris, vers l'année 1863, où il entra à l'atelier de Barrias dont il suivit les cours pendant trois ans. Il était au bout de sa pension et malheureusement au début de ses études, incapable encore de gagner sa vie en faisant des tableaux.

Il se décida à faire de la décoration et, après une année d'études spéciales, il put déjà suffire à ses besoins. Jusqu'en 1880 il ne fit que de la décoration et c'est par centaines qu'on pourrait compter les dessus de portes et les plafonds qu'il exécuta depuis cette époque.

L'artiste ne faisait plus de peinture proprement dite, l'hiver seulement il suivait les cours de l'atelier Bonnat et, en 1881, il se décida à tenter les chances du Salon, il exposa le *Portrait de Mlle Chartier*, de l'Odéon, dans le rôle de Marton des *Fausses Confidences*, et le *Portrait de M. Delebecque*. Ce fut un succès.

En 1882, Pinel envoya au Salon une *Pierrette* d'une finesse de touche remarquable.

Il envoya en même temps à l'Exposition des Arts décoratifs un grand panneau, *le Réveil de la nature*, charmante et gracieuse composition : une belle femme nue qui personnifie le printemps, entourée de petits génies potelés et joufflus, répand des fleurs au bas des arbres en fleurs.

Cette année, il a envoyé au Salon une grande figure *(Fleur de mal)* et un *Portrait de vieillard* d'une grande intensité de vie et d'une grande souplesse d'exécution.

GEORGES BERTRAND

EORGES BERTRAND est né à Paris en 1849. Artiste nerveux, chercheur, oseur. Sur ce front, la pensée et la méditation ont déjà tracé leur empreinte. Beaucoup d'urbanité dans ce lutteur; mais, à côté de cela, une volonté tenace, un travail incessant et le désir d'arriver, non pas à la notoriété, ce peintre est déjà estimé depuis cette belle page qu'il a appelée *Patrie*, mais il veut arriver à la célébrité, il veut être un maître incontesté, une gloire véritable. Que lui importent le bien-être et la fortune ! Il est riche, il pourrait vivre largement, sans se fatiguer l'esprit et se tuer le corps, au milieu de ses amis et de ses belles collections. Un autre que lui flanquerait de côté les rêves de gloire et vivrait de sa belle vie, bourgeoisement ou mondainement, dans le kief oriental ou dans la mêlée parisienne, entre le Bois, les dîners du *high-life* qui vous donnent des envies d'aller souper, les bals des dames des deux faubourgs. Pour Bertrand il

faut autre chose : la conquête de l'art, sa place parmi les maîtres et son nom transmis à la postérité, *æmula posteritas!*

Élève d'Yvon, de Barrias et de Bonnat, Georges Bertrand fit ses débuts au Salon, en 1876, par un tableau intitulé *l'Avare;* en 1877 il donna la *Chute des feuilles;* en 1878, *le Saut de Leucade* et *l'Aïeule;* en 1879, les *Roses* et *Loisir d'esclave*, toiles très intéressantes; en 1880, *Portrait de Mme A...* et *Portrait de M. A...* Le premier de ces portraits fit sensation au Salon; on le désigna sous le nom de : « la Femme au voile rouge ». Bonnat, Yvon et Barrias félicitèrent leur élève. »

En 1881, il envoya *Patrie*. Cette magnifique toile valut à son auteur une médaille de 2e classe. Qui ne se souvient de ce tableau? Un groupe de cuirassiers entourent le porte-étendard du régiment, frappé mortellement. Quelle grandeur dans cette idée rendue avec tant de sentiment! On acclama le jeune peintre, on répéta ce que l'on avait dit pour Roll : « Nous avons un nouveau Géricault! » Puis survint le venin des envieux qui, eux, les impuissants, allèrent jusqu'à refuser de la valeur à cette toile que nous avons saluée avec respect. — Faire des soldats, des uniformes, quoi de plus facile! Représenter des cuirassiers, n'était-ce pas parce que l'auteur ne savait pas faire la figure? — Les casques cachent beaucoup les figures! — Nous ignorons quelles autres insanités lancèrent encore ces nihilistes de l'art, ces intransigeants et autres communards, pour qui la seule représentation d'un tableau militaire est un crime. C'est que ces gens-là détestent l'armée, comme ils ont exécré la patrie pour l'internationalisme ; comme ils ont détesté Gambetta, le grand patriote, que Georges Bertrand va honorer encore une fois dans une œuvre qui verra bientôt le jour.

Cette année, Bertrand a exposé des femmes nues sur des chevaux blancs. On verra bien s'il ne sait pas peindre des figures. Pas la moindre étoffe sur ces corps de femmes ; autour un paysage ensoleillé, *le Printemps qui passe*. Nous dirons franchement à Bertrand que son tableau est une erreur. Il lui est du reste facile de prendre sa revanche ; pour y arriver avec sa grande facilité et son talent si véritable, il n'a qu'à suivre son chemin, son inspiration et à dédaigner les petites morsures auxquelles personne n'est à l'abri.

LOUIS BÉROUD

ouis Béroud est né, le 17 janvier 1852, à Lyon. Quelque chose de militaire dans cette tête osseuse aux moustaches bien fournies.

Élève de Lavastre et de Gourdet, il commença la décoration à l'âge de quinze ans et affirma sa tendance vers l'art d'une manière si sensible, que Gourdet l'encouragea dans cette direction, en négligeant même le sens décoratif spécial; il commença alors à suivre les cours du soir des écoles de dessin et, en quelques années, il devint un assez brillant dessinateur.

En 1870, un peu avant la guerre, il essaya d'entrer à l'École des Beaux-Arts, chez Pils, mais la guerre dérangea ses projets et l'envoya dans les « escargots de remparts », *alias* garde nationale, comme la plupart des Parisiens. Il perdit son père pendant la tragique période de la Commune et il entra, en 1872, chez Lavastre, le décorateur de l'Opéra. Dans l'entre-temps, il continua ses études de peinture.

Ses premiers tableaux sont : la *Galerie d'Apollon* (1873); *la Dalette de Tours* (1875); le *Musée des Souverains* et un *Intérieur du musée de Cluny* (1876); l'*Intérieur de Notre-Dame de Paris* et le *Portrait de Mme Ed. Adam*, (1878); *la Fontaine Médicis, Luxembourg* (1879); l'année suivante *la Place Saint-Sulpice; la Place future de la République* (1881); *le Salon carré au Louvre* et « une copie », étude ; de ces deux tableaux, le premier a obtenu une mention honorable et le second a été acquis par l'État (1882).

Cette année, il expose une très grande étude, *Au Louvre*, qui vient d'être admise avec le numéro 1. C'est une toile de grande allure, d'une vigueur étonnante, que la critique a accueillie avec les plus grands éloges. Louis Béroud ira loin, c'est l'opinion de Puvis de Chavannes.

ÉDOUARD DANTAN

DOUARD DANTAN, né à Paris le 26 août 1848, est issu d'une famille d'artistes de talent. Son grand-père, ancien soldat, était sculpteur sur bois et fut horriblement blessé pendant la guerre de Vendée. Son père, Dantan aîné, né à Saint-Cloud en 1798, mort dans cette même ville en 1878, fut un sculpteur de talent, fort épris de son art et qui a laissé plus d'une œuvre remarquable. Son oncle, Dantan jeune, fut aussi un statuaire de grande valeur, célèbre dans le monde des caricaturistes par les charges spirituelles qu'il fit, au crayon et à la glaise, des hommes en vedette de son époque.

Édouard Dantan est un véritable tempérament artistique, travailleur, passionné pour art ; son talent fin, gracieux, n'est discuté par aucun des maîtres contemporains qui aiment sa facture correcte, son entente parfaite de la composition, l'harmonie régnant dans chacune de ses toiles où il pondère avec goût et avec maestria les variations des teintes. C'est un puriste, un raffiné, amoureux de l'art et toujours soucieux de la sincérité.

Il entra fort jeune à l'atelier de Pils, à l'École des

Beaux-Arts, et y fit des progrès si rapides que l'Assistance publique le chargea d'exécuter, en 1867, au tympan de la chapelle de l'hospice Brézin, à Marnes (Seine-et-Oise), une grande peinture à la cire : *la Sainte Trinité*.

C'est en 1869 que Dantan exposa pour la première fois au Salon. Son tableau, qui retraçait un *Épisode de la destruction de Pompéi*, figura plus tard à l'exposition de Munich et fut, pendant la guerre de 1870, volé à l'artiste par quelque soudard teutonique, car le jeune artiste avait laissé son atelier de Saint-Cloud et sa brillante palette pour marcher à la défense de la patrie en s'incorporant dans la garde mobile de Seine-et-Oise. Sa maison a été incendiée par les Prussiens deux jours après la signature de l'armistice, tout ce qu'elle renfermait a été anéanti ; son tableau fut plus tard retrouvé à Versailles roulé sur un manche à balai.

En 1870, il exposa aussi un *Portrait de jeune fille* et le *Théâtre improvisé*.

En 1872, il envoya au Salon un *Portrait de son père* en train de travailler à un buste de marbre.

En 1874, *Hercule aux pieds d'Omphale* (acheté par un amateur de Manchester) et *Un moine sculpteur sur bois*, acquis par l'État pour le musée de Nantes. Le jury, pour ces deux envois, décerna une troisième médaille à l'artiste.

L'année suivante, une œuvre non moins remarquable, le *Jeu du disque*, après avoir passé au Salon, obtint une médaille d'or à l'exposition de Rouen et fut achetée par cette ville pour son musée.

En 1876, parut *la Nymphe Salmacis et le Jeune Hermaphrodite*.

En 1877, *la Vocation des apôtres Pierre et André*. (L'artiste remporta la même année le prix de paysage au concours d'Altainville.)

En 1878, *Phrosine et Mélidore*, acheté par un amateur de Bordeaux et le *Christ en croix* commandé pour l'église Saint-Alexandre, à Dombrowa (Pologne).

En 1879, *Portrait de trois enfants* et un *Portrait de femme*.

En 1880, *Un coin d'atelier*, que personne sans doute n'a oublié et qui fit décerner à son auteur une seconde médaille, tableau acheté par l'État pour le musée du Luxembourg, dans lequel le peintre a représenté son père en train de travailler à la restauration d'un bas-relief de lui représentant l'*Ivresse de Silène*.

En 1881, *le Déjeuner du modèle,* qui fit sensation.

En 1882, *la Fête-Dieu*, procession de la Fête-Dieu à Villerville-sur-Mer (Calvados), et *deux portraits :* la mère de l'auteur et un enfant.

Cette année, Dantan a envoyé au Salon *Un intérieur à Villerville* et *le Paradou* (dans *la Faute de l'abbé Mouret*, d'Émile Zola).

ALFRED ROLL

LFRED ROLL est né à Paris le 10 mars 1847. Haute stature, type d'artiste, la barbe et les cheveux au vent ; grand dédaigneux du conventionnel, c'est un oseur de première force. Lors de ses débuts artistiques, on le vit sacrifier au goût du scepticisme ; il approuvait sérieusement Courbet en ce qui concerne sa théorie sur les anges et la peinture religieuse, appelait Raphaël un ennuyeux brosseur, Rubens un charlatan. Tous ces lazzis étaient lancés pendant les gaies parties de canotage du côté d'Argenteuil, d'Asnières et de Bougival, dans la joyeuse compagnie de ces dames, artistes lyriques, dramatiques, modèles ou simples cocottes. Ceci se passait à l'époque où Jules Vallès affirmait que le Dante s'appelait Durand. Alors Roll était tout à la joie ; mais déjà il avait le sentiment du beau et du vrai et était cuirassé pour la lutte. Il est bien revenu de ses opinions sur Raphaël et Rubens.

Il fit ses premières armes chez Pellerin (prière de ne pas prendre ce tireur émérite pour un professeur de peinture) et chez Gérôme et Bonnat qui estimèrent sa puissance de travail, pressentirent son avenir et s'attachèrent à lui.

En 1872, Roll fit ses débuts au Salon : nous n'avons pas le souvenir de son exposition, pas davantage pour le Salon suivant.

En 1874, il exposa *Don Juan et Haydée*, toile acquise par l'État pour le musée d'Avignon ;

En 1875, *Halte-là !* Cette toile se trouve au musée de Mayenne ;

En 1876, *Chasseresse*, qui orne l'ambassade de France à Constantinople ;

En 1877, *l'Inondation*, au musée du Havre, actualité saisissante : on était au lendemain des inondations de Toulouse ;

En 1879, *la Fête de Silène* fit sensation.

Halte-là ! fut le commencement de la notoriété du jeune artiste qui obtint une médaille de 3e classe.

La critique compara Roll à Géricault. *Chasseresse* fut l'antithèse de *Halte-là !* Ici le nu, la grâce, la lumière, le coloris, là un peu trop de teintes sombres, disaient les puristes. *L'Inondation* fut discutée, on disait que cette toile manquait d'horizon, les puristes trouvèrent que *le Naufrage de la Méduse* lui était supérieur, comme si la mer avec son immensité pouvait ressembler à un fleuve aux rives rapprochées ! Le jury accorda à Roll, pour cette toile, une médaille de 1re classe.

En 1880, Roll exposa son superbe tableau, *la Grève des mineurs* et affirma une fois de plus sa puissante individualité. Encore de l'actualité, on était au lendemain de la grève d'un bassin houiller, et cette fois ce ne furent pas seulement les socialistes qui applaudirent à l'œuvre de cet oseur poétisant les ouvriers, leur misère, et faisant même couler une larme silencieuse sur la moustache des gendarmes.

Et ce magnifique *Portrait de Jules Simon*, qui mérita à son auteur les éloges de Bonnat !

Personne n'a oublié cette toile immense qui a figuré au Salon de 1882, *le 14 Juillet 1880 ?* Roll n'a pas dit son dernier mot. Qu'on se souvienne qu'il n'a que trente-six ans et qu'il appelle son passé artistique « sa veillée d'armes ». Celui-là est un bien-aimé des dieux et il est déjà célèbre, bien que sa carrière ne fasse que commencer.

Chaque fois que Henner entre dans l'atelier de Roll, il dit : « Cela sent le travail ici. » Tous les genres sont familiers au jeune maître et nous avons eu l'occasion d'admirer, dans son atelier de la rue Brémontier, une marine superbe : la mer courroucée, un ciel nuageux, pas une barque, pas un pan de rive. Voilà un morceau qui eût été un régal pour Isabey !

Au Salon de 1883, il a donné *Portrait de Mme **** et *En Normandie*.

ÉDOUARD ZIER

DOUARD ZIER est né à Paris en 1856. Ce jeune peintre a déjà fourni une carrière intéressante à plus d'un titre, c'est un chercheur, un oseur et surtout un artiste consciencieux qui ira loin, de l'avis de ses maîtres, car il a le feu sacré et la volonté d'arriver. Joli garçon, il a cependant dans son aspect général quelque chose qui frappe, on sent qu'on est en présence de quelqu'un et que ce légionnaire de l'art n'a rien de commun avec le clan dit « royalgommeux ».

Il commença à étudier sous la direction de son père; plus tard, élève de Gérôme, il a fait dans l'atelier de ce maître de brillantes études à l'École des Beaux-Arts.

Voici l'énumération de ses envois aux divers Salons :

En 1874, *Mort de Caton d'Utique*, toile qui obtint un grand succès et fut achetée par l'État;

En 1875, *Julie*, motif romain;

En 1876, *Loth et ses filles fuyant Sodome*.

En 1877, *Le Départ de Judith* et *Acis et Galatée*;

En 1878, *Déborah*;

En 1879, *Pélagie* et un *Portrait de M. Loudun*;

En 1880, *Charles VI et Odette*, acheté par l'État, et un *Portrait de Mlle Giovanna Dubray*;

En 1881, *La Mort d'Aute* et un *Portrait*.

En dehors de ses envois aux Salons et d'une grande quantité d'importants travaux, Zier a exposé une fois à Amiens, où il a obtenu une médaille d'or, et a envoyé un tableau, en 1876, à l'Exposition universelle de Philadelphie où il a été de même récompensé par une médaille.

En 1882, le jeune artiste a fait deux envois au Palais de l'Industrie : l'un, sous le titre de *Psyché*.

L'autre envoi est intitulé *le Mauvais riche*.

L'interprétation de l'artiste est fort libre; pensant fort justement que la parabole est de tous les temps, il a représenté Lazare, conformément à la tradition biblique, au milieu d'une assemblée de personnages revêtus de costumes de toutes les époques. Cette interprétation lui a permis, en outre, d'ajouter à l'étude du nu, l'étude des accessoires, des étoffes et des draperies, et de faire un tableau dans lequel la puissance et la richesse du coloris jouent un grand rôle.

En 1883, il a envoyé *Esther*.

« Or Haman s'étant jeté sur le lit sur lequel etait Esther... »

GEORGES CLAIRIN

EORGES-JULES-VICTOR CLAIRIN est un enfant de Paris. Grand, élancé, il a grand air, c'est un méditatif. Il y a un peu du type espagnol dans ce Parisien pur sang, aux cheveux bruns, aux yeux brillants, à la moustache retroussée. Dans son atelier de la rue de Rome, qu'il a décoré dans le style mauresque, il a réuni ses plus chers souvenirs d'Espagne et d'Orient. Partout des meubles anciens et des tentures de prix, des faïences arabes, espagnoles. En haut, dans sa chambre, des études et des tableaux d'Henri Regnault, un Delacroix, des fusains de Butin. C'est son portrait dessiné par Butin que Clairin a décroché pour notre ouvrage.

Notre érudit et aimable confrère Gustave Gœtschy, le fin critique de la *Vie moderne*, a donné une étude magistrale sur l'œuvre de Georges Clairin.

« Clairin, dit Gœtschy, est un sincère et un convaincu, toujours en quête du nouveau, grand chercheur et grand oseur, dédaigneux des distinctions et des genres,

portraitiste, conteur ou paysagiste à ses heures, se confiant au hasard ou à l'inspiration pour le choix de ses sujets. A tous les Salons où il a exposé, il nous est apparu avec des œuvres d'un caractère différent. Par nature, c'est un pittoresque et un fantaisiste. Il a l'imagination vive, la composition facile et hardie, de l'originalité et de la puissance. » Ce portrait est sincère.

Picot et Pils ont dirigé les études artistiques de Clairin.

Les premières esquisses de Clairin sont : *les Brûleuses de varech*, *Pilleurs de mer*.

Il exécuta, en collaboration de Regnault et Blanchard, six grands panneaux décoratifs qui firent sensation au Salon de 1868, puis il partit pour l'Espagne. Il se rendit ensuite en Italie et retourna en Andalousie. A Grenade, il fit l'esquisse de la *Mort des Abencérages* dont sortit le tableau dont on a le souvenir. Il parcourut ensuite le Maroc avec son ami Regnault et les deux artistes revinrent ensemble à Paris pour aller à la défense de la patrie. Quand Regnault tomba mortellement frappé à Buzenval, Clairin était là pour ramasser le corps de son glorieux ami.

La *Mort des Abencérages* fut son premier tableau, l'État l'acheta pour le musée de Rouen. Ce fut un succès véritable. Puis il exposa *le Conteur*, scène marocaine ; le célèbre *Portrait de Sarah Bernhardt*; le *Portrait du président Berthelin*, celui de Mme *Massenet*.

On le voit ensuite achever les quatre grands panneaux décoratifs du grand escalier de l'Opéra. Il exécuta ensuite deux plafonds aux extrémités du foyer de l'Opéra, *la Musique guerrière* et *la Musique expressive*, puis six panneaux qui ornent le buffet *(les Mois de l'année)*.

Charles Garnier choisit Clairin pour peindre le plafond du théâtre de Monte-Carlo. Cette composition représente *la Danse :* le génie de la mesure présente à Terpsychore le chœur des danseuses de tous les pays et de tous les temps, depuis la danseuse antique accompagnée par le son de la flûte et du tambourin des faunes, jusqu'à l'almée à la danse lascive, l'Espagnole aux castagnettes, l'Italienne à la pose poétique. Plus tard, il exécuta pour la salle de jeu de Monte-Carlo une *Amazone* et des *Joueurs de crocket*.

On a de Clairin la *Science distraite par la peinture et la musique* (plafond pour le Dr Pozzi), *la Nuit* et *le Jour*, deux plafonds pour Mme de L... Il exécuta plus tard quatre panneaux de salle à manger pour M. Springer de Vienne; *la Sortie du bal*, grand panneau pour M. Ferlier, de Roubaix. Il envoya au Salon : *Moïse; le Fils du cheick; la Danse des Toreros; Froufrou*, cette toile si gracieuse, si attrayante, au coloris délicat, et *les Brûleuses de varech à la pointe du Raz* (Finistère), Salon de 1882.

Cette année, Clairin a envoyé un magnifique *Portrait de Mme Krauss, de l'Opéra*.

ADHÉMAR DE CLERMONT-GALLERANDE

ouis-Adhémar de Clermont-Gallerande est né à Chatoillenot (Haute-Marne) en 1838. Taille élancée, attaches aristocratiques, belle tête blonde encadrée d'une barbe, yeux vifs. Tout chez cet artiste indique la distinction, l'éducation et la race. Il est expert en son art et collaborateur assidu de quelques journaux artistiques dans lesquels il dépense, sous un pseudonyme, pas mal de talent et commet des articles d'art fort goûtés.

La base de son éducation a été la science du cheval et il mordit mieux à l'équitation qu'au latin et aux mathématiques, et quand il voulut se présenter à Saint-Cyr, il reconnut qu'il n'avait aucune disposition pour les x et les problèmes algébriques. Il demandait à grands cris qu'on le laissât faire de la peinture. Il fallut cependant encore avaler les cours de l'École de droit.

En 1868, il entra à l'atelier de Félix Barrias et, la même année, il envoya au Salon ses premiers tableaux d'intérieurs d'écurie : *l'Heure du repas* et *les Deux amis* ; l'année suivante, il eut une toile plus importante, *les Vaincus,* qui visait à la peinture d'histoire, et *l'Attente.* Ces deux tableaux furent remarqués et il obtint la commande de portraits de chevaux du haras du Pin.

La guerre l'arrêta pendant un an et il put retracer les scènes auxquelles il avait assisté après la bataille du Mans. Le tableau qu'il fit ne figura point au Salon de 1872, car les sujets militaires ayant trait à la guerre de 1870-71 avaient été exclus du Salon. Ce tableau intéressant est au musée du Mans.

Il exposa à tous les Salons de 1876 à 1881 des scènes de chasse et de sport. On fit un succès à son tableau *On attend le roi,* autant par esprit politique peut-être que comme mérite artistique ; puis vint *la Chasse royale* et *le Lancé intempestif* que la photographie a popularisé, et enfin, en 1882, *la Messe de saint Hubert en 1772.*

La même année, *les Giboulées de mars.* La critique s'est montrée très bienveillante pour ces deux toiles reproduites par la gravure et la photographie.

De Clermont-Gallerande a écrit sous son nom un *Aperçu historique de la numismatique* et un *Voyage autour de mon clocher.* Tout en montant beaucoup à cheval et en chassant pour étudier ses modèles, il n'a jamais été un oisif et encore moins un amateur. Il pioche à l'atelier comme chaque artiste consciencieux et soucieux d'arriver à la célébrité artistique.

PAUL JAMIN

aul-Joseph Jamin est né à Paris le 9 février 1853. Visage particulièrement sympathique, homme aimable, Parisien pur sang quant à l'esprit, légionnaire de l'art quant au tempérament.

Il a fait ses études à Louis-le-Grand, passa avec succès ses deux baccalauréats après avoir perdu un temps précieux à faire des mathématiques spéciales, ce qu'il regrette de grand cœur aujourd'hui, car il n'a pu entrer qu'à vingt-deux ans à l'atelier de Jules Lefebvre et Boulanger, qu'il voudrait bien avoir connus plus tôt, et cela encore après un an de volontariat où il a rendu à sa patrie de grands services sans doute, mais dont il n'y a pas lieu d'exagérer l'importance.

Il ne savait rien, bien entendu, en entrant à l'atelier, bien qu'il ait eu un nombre de prix de dessin au lycée et les mêmes prix au concours général. Une fois débrouillé, il a fait les concours de l'École des Beaux-Arts, entre autres les concours de Rome en 1877, 1878 et 1880. A partir de cette époque, il quitta l'École et se rendit en Italie à ses frais.

Il exposa pour la première fois, en 1879, une *Étude de jeune homme;* l'année suivante, un grand tableau intitulé *Une scène du déluge;* en 1882, une figure du *Général Hoche, enfant,* qui fut récompensée d'une mention honorable.

Cette année, il a envoyé au Salon *Une scène de la prise de la Bastille.*

ALEXIS HARLAMOFF

MEMBRE DE L'ACADÉMIE IMPÉRIALE DES BEAUX-ARTS DE SAINT-PÉTERSBOURG

Lexis Harlamoff est né, en 1844, dans les environs de Saratoff (Russie). L'air grave d'un homme qui travaille beaucoup, figure sympathique, un peu de la tristesse des Slaves; ce peintre séduit et captive l'attention. C'est un charmeur qui mène une existence d'anachorète, toujours à la tâche, bien rarement au repos.

Il étudia à l'Académie des Beaux-Arts de Saint-Pétersbourg ; il remporta quatre médailles d'argent et deux médailles d'or et partit pour l'étranger en 1869, après avoir été nommé membre de cette académie.

Le jeune maître a exécuté des portraits importants : celui de *l'Empereur Alexandre III,* ceux du *comte Adlerberg,* de *Mme Tretiakoff,* des *princes Mentchikoff* et *Kotchoubey,* de *M. et Mme Viardot,* du *célèbre Tourguéneff*

et de quelques hauts personnages de l'aristocratie anglaise.

Il est toujours en progrès, sa brillante individualité grandit et ne faiblit jamais. Son pinceau, plein de souplesse, nous trace de gracieux visages de jeunes filles. Ses toiles principales sont une *Jeune mendiante*, aux traits pleins de charme, aux yeux expressifs; une *Fillette à la chevelure cendrée,* dont le coiffeur n'a pas contourné savamment les torsades : c'est la jeunesse, le printemps; la chemisette est légèrement entr'ouverte, — c'est du Greuze le plus pur; *Casque, armes, tapisserie,* nature morte, merveille de goût et de finesse; un *Portrait de femme,* plein d'expression et de lumière.

En 1880, il exposa le *Portrait du général S...;* l'année suivante, un *Joueur de mandoline* et *les Bulles de savon.*

En 1882, *Rencontre inattendue :* une petite Italienne, tenant un tambourin à la main, est arrêtée devant un lézard vert.

Combien Harlamoff est loin de ces cyniques de l'art et de ceux qui se compromettent par leurs prétentieuses excentricités! Les dessins du jeune maître russe sont bien conçus et d'une finesse d'exécution très remarquable. Il a obtenu à l'Exposition universelle de 1878 une 2e médaille.

GEORGES JEANNIN

EORGES JEANNIN est né à Paris en 1841. Artiste de talent, homme aimable, physique avenant. Ce peintre barbu, à la chevelure aux mèches folles, est un raffiné en peinture et un musicien de talent. Dans son atelier on voit force études remarquables : ici des fleurs merveilleuses de fraîcheur, là des natures mortes à qui il sait donner de la vie, jolis tableaux dans lesquels on voit le moelleux de Desgoffe et la force de Vollon; ici, encore, une marine intéressante, inspirée sans doute par *la Vague*, de Courbet. Le talent de Jeannin se manifeste sous bien des formes diverses. Très caustique, ce Parisien artiste. Dans un coin de l'atelier, un piano. Musicien sérieux, ce peintre des fleurs. Il dédaigne l'opérette et a sur son piano *Françoise de Rimini*, *Don Giovanni* et *la Damnation de Faust*.

A vingt ans, Jeannin travaillait chez un industriel, il y faisait de la peinture décorative.

En 1868, il fit ses débuts au Salon.

En 1876, il obtint une mention honorable pour sa *Provision de fleurs*, appartenant à Mme la princesse Mathilde.

En 1878, il exposa une *Brouettée de fleurs*, acquise par M. Maurice Costier et qui lui valut une médaille de 3e classe.

En 1879, sa *Charretée de fleurs* fut acquise par l'État pour le musée du Luxembourg. Il donna aussi un *Étalage de fleurs*.

En 1830, son merveilleux tableau : *Embarquement de fleurs*, fut acquis par l'État et se trouve au Luxembourg. Il exposa aussi *Un lot de chrysanthèmes* et une charmante aquarelle, *l'Étuve*.

En 1881, *l'Intérieur de serre* et *l'Écolier*.

En 1882, *Un jour de fête*, acquis par la ville de Paris, pour l'Hôtel de Ville.

Cette année, Jeannin expose *Un jardin parisien*, c'est-à-dire un balcon chargé de fleurs, avec un pan de Paris dans le lointain, côté de la barrière de l'Étoile. Le temps se lève, il a plu toute la nuit et les fleurs sont inondées d'eau. Cet effet de pluie est très intéressant et dénote que Jeannin est toujours en progrès.

ERNEST QUOST

ERNEST QUOST est né à Avallon (Yonne). L'intelligence rayonne sur cette tête d'artiste à la barbe fauve. Il y a quelque chose de fort, la trace de la lutte, dans ce type taillé à l'antique. C'est un modeste, passionné pour l'art, très aimé de ses camarades qui l'ont élu cette année juré supplémentaire. Il a trois enfants et dit volontiers qu'il les aime encore plus que ses fleurs.

Il fit ses études à la pension Delahaye, aux Batignolles, et pendant les récréations il allait couper des fleurs dans le jardinet, achetait des fruits chez la portière et passait son temps à dessiner ces fleurs et ces fruits. Plus tard il se mit à peindre des fleurs sur des assiettes et se rendit à Avallon chez son oncle, horticulteur bien connu, et rapporta de nombreux croquis.

La peinture n'était pas l'idéal de son père, fabricant de billards, qui voulut nantir son fils d'un métier et le força à apprendre la fabrication des billards. On ne lui laissa rien ignorer de ce métier, depuis le rabotage des planches jusqu'à l'ornementation des coins. De guerre lasse, son père consentit à le laisser libre de faire de la peinture.

Il fit d'abord de la décoration. A dix-sept ans il gagnait sa vie et petit à petit il arriva à se passer de l'industrie et devint un peintre de fleurs justement estimé. C'est dans le paysage qu'il a trouvé la donnée de ses fleurs.

Talent très fin, Quost a fait un grand nombre de tableaux, de dessins et de faïences dont l'énumération serait longue. On a de lui : *Fleurs, Poissons, Gibier*, en 1880 ; *Fleurs*, en 1881 ; *la Saison nouvelle* (1882) et quantité de bonnes toiles éparpillées aux quatre coins du monde.

FRANÇOIS-ALFRED DELOBBE

RANÇOIS-ALFRED DELOBBE est né à Paris en 1835. Un studieux, un doux, un chaud tempérament d'artiste, toujours à la recherche du beau et du vrai, tout à son admiration pour les maîtres ; il a voué un culte profond à Bouguereau. C'est un érudit, très expert en ce qui concerne les choses de l'art ; c'est un délicat et un vaillant peintre.

Il entra, en 1851, à l'École des Beaux-Arts. Deux ans plus tard, il fut obligé d'abandonner momentanément ses études, qu'il reprit quelques années après.

Il exposa, pour la première fois, en 1861. Depuis cette époque il a toujours été sur la brèche et exposa des tableaux dans tous les genres : portraits, genre et histoire.

En 1874, il reçut une médaille de 3ᵉ classe pour une superbe composition représentant *la Musique champêtre;* en 1875, il donna un *Portrait de femme* et un tableau d'histoire, *Pyrame et Thisbé*, qui lui valurent une médaille de 2e classe et le mirent hors concours. L'année suivante, il exposa *la Vierge et l'Enfant Jésus*, qui orne aujourd'hui l'autel d'un château du duc de Beaufort-Spontin. En 1877, *le Printemps;* l'année suivante, *la Pêche aux écrevisses* et un Amour ailé, intitulé : *la Dernière flèche;* en 1879, *la Grande sœur, souvenir de Bretagne;* en 1880, *la Famille aux champs* et *Jeune bohémienne;* en 1881, *le Bain;* l'année suivante, *l'Enfant et le miroir*, figure d'enfant nue, et *l'Accord*, jeune fille en costume de la Renaissance.

Nous passons sous silence une quantité de tableaux et de portraits exécutés à diverses époques et dont on peut voir les photographies chez MM. Goupil et Braun.

Le succès commence à s'attacher à ce nom, Delobbe n'est ni un précurseur, ni un révolutionnaire, il ne cultive pas l'art par des procédés anti-naturels, il sait exciter l'émotion, c'est un charmeur.

VACSLAV BROZIK

ACSLAV BROZIK est né en 1851 à Pilzen (Bohême). Fougueux tempérament de peintre qui, petit de taille, fait grand et chaque année plus grand. En voilà un de piocheur, toujours grimpé sur un échafaudage et peignant sans cesse! Il fait, gratte et refait un tableau, jamais fatigué ni découragé, quand la morsure de l'envie a cherché à atteindre son œuvre. N'a-t-il pas du reste à ses côtés un fort, un savant dans les choses de la peinture, cet érudit Sedelmeyer, son beau-père, qui se dit simplement marchand de tableaux et qui est un fin connaisseur et avant tout un critique remarquable, pour qui l'art n'a plus de secrets?

Ce jeune et vaillant peintre d'histoire est élève de Pilotty et Munkacsy; il a reçu une médaille de 2e classe au Salon de 1878. L'année suivante il exposa, *la Partie d'échecs des fiançailles*. « On apporta l'échiquier garni « d'or; le seigneur Strange gagna la belle princesse

« pour son roi... et tout le Danemark adora Dagmar, et tout le monde fut heureux tant qu'elle vécut. » *(Chanson danoise du moyen âge.)* En 1880, il donna le *Portrait de M. G..., général de l'armée chinoise;* en 1881, *Chrisophe Colomb, à la cour de Ferdinand le Catholique et d'Isabelle de Castille,* que les vrais connaisseurs ont loué, et *Présentation de Pétrarque et de Laure à l'empereur Charles IV, à la cour du Pape, à Avignon;* en 1882, *le Chanteur de ballades* et *l'empereur Rodolphe II, roi de Bohême, chez son alchimiste,* toile du plus grand effet.

Le *Chanteur de ballades*, sujet principal au bras tendu, à la tête fière, au regard inspiré, c'est le barde, le trouvère, chantant les gloires de la patrie, les poésies populaires. Il y a devant lui, sur un trône à baldaquin, un souverain qui écoute anxieusement. Son regard lance un éclair ; il entend les palpitations de la souveraine qui baisse la tête. Aimerait-elle le chanteur ? Des deux côtés du trône, il y a des groupes composés de dames et de seigneurs de la suite, aux costumes éclatants. Ici, un cardinal en robe rouge ; là, un évêque et des religieux. La cour fait cercle : ici, les figures graves, austères des penseurs ; là, des visages jeunes, attentifs ; tout ce monde est suspendu aux lèvres du barde. Les dames de la cour ont beau être jolies, aimables, spirituelles, les patriciens oublient tout cela et ne perdent pas une parole du chanteur.

C'est grandiose, et quel fini dans les détails ! Vitraux,

fenêtres en ogives, colonnes sculptées ; lumière éclatante, costumes pittoresques, c'est le moyen âge dans sa simplicité et dans sa splendeur.

Brozik, élève favori de Munkacsy, ne possède pas seulement à fond l'histoire du moyen âge avec les costumes de cette époque (il est membre de la Société d'archéologie de Prague), c'est un travailleur infatigable, un érudit. Il tend vers le grand et n'aspire pas au demi-succès des fournisseurs, des marchands à la mode. C'est un inspiré ; il compose et refait sans cesse ; rien n'échappe à son œil vigilant; il n'omet rien et marche déjà de pair avec les meilleurs peintres d'histoire.

L'année dernière nous écrivions cela à son sujet dans le journal la *Presse* et nous ajoutions ceci :

« A quand un tableau nous représentant Jean Huss, cher maître ? La Bohême redevenue pays slave, avec la refonte de sa vieille Université, attend de vous la glorification de cette grande individualité qui a parlé aux foules au Thabor de Hussinetz et a été brûlé vif par ordre du clergé intolérant. »

Brozik a suivi notre conseil et a fait le beau tableau que Paris a déjà vu et qu'il réserve pour le Salon triennal.

GUSTAVE DE JONGHE

USTAVE DE JONGHE est né à Courtray (Belgique) en 1830. Il est fils de Jean-Baptiste, peintre paysagiste. Cet aimable artiste, tout feu pour son art, tout calme quand il a à parler de lui-même, est un peintre fin et gracieux. Tête intéressante, il y a quelque chose là-dedans; sentimental, poétique, il est aussi distingué que modeste.

Il commença ses études artistiques à Bruxelles et fut élève de Naver et de Gallait. Il exposa à Paris en 1833, il fut médaillé en 1865. Il obtint des médailles aux expositions universelles de Bruxelles, Amsterdam et Vienne.

Il a de nombreux tableaux très remarquablement peints, en Angleterre et en Amérique.

Dévotion, chez Mme la princesse Mathilde; *Joie maternelle*, dans la collection particulière de l'Impératrice Eugénie; *Correspondance*, appartient à l'Empereur Alexandre III. Les collections particulières en Belgique, en Russie, en France et en Autriche, ont de charmants tableaux de cet artiste de talent qui a été décoré de l'ordre de Léopold de Belgique.

ÉDOUARD KRUG

DOUARD KRUG est né à Drubec (Calvados). Physionomie très attrayante, haute stature, ce n'est pas un cuirassier aux larges épaules, mais un élégant, au cachet aristocratique et aux manières distinguées.

Élève de Léon Cogniet et de l'École des Beaux-Arts, depuis 1862, il a collaboré à plusieurs expositions annuelles et obtint deux mentions honorables; mais des travaux importants l'ont obligé à cesser d'y prendre part pendant plusieurs années.

En 1879, il donna le *Génie du christianisme* et un *Portrait;* l'année suivante, *la Mort de Saint-Clair* et le *Portrait de Mlle P...;* en 1881, *deux portraits* intéressants.

En 1882, il a décoré huit chapelles de l'église de Saint-Pierre, de Mâcon.

Il a envoyé un tableau qui doit terminer la décoration de l'église précitée. En voici le titre : *Symphorose ayant refusé d'abjurer la foi chrétienne, l'empereur Alexan-*

dre la condamna au martyre avec ses sept fils. C'est une fort belle composition, à la touche académique. L'empereur est assis sur son trône, il est entouré d'une sorte d'accusateur public, quatre conseillers se tiennent à sa droite, à sa gauche on entrevoit les licteurs. Tous ces personnages ont l'aspect viril, l'ensemble est grandiose ; dans l'arrière-plan un groupe d'hommes qui font cercle.

Symphorose est devant l'empereur avec ses sept fils. La martyre chrétienne est superbe dans son fanatisme religieux, ses fils aux regards fiers et quelque peu étonnés se montrent dans leur nudité ; c'est de la peinture académique.

Nous avouerons simplement que même après avoir vu les belles peintures décoratives du Panthéon, cette composition nous plaît, parce qu'elle représente de l'inspiration, du travail, de l'ensemble, du fini et de la grandeur. Ce tableau a été commandé, d'accord, mais ce nom de *Symphorose* a fait du tort à l'artiste. Symphorose est un nom bien morose, bon à coucher dehors. Si la martyre s'était appelée Isabelle, Marthe ou Berthe, voilà des noms qui plaisent du moins aux oreilles parisiennes !

Ce qui n'enlève, du reste, pas un atome de talent au vaillant artiste et à la valeur de ses œuvres.

En 1883, *Après la Tempête,* toile académique d'un bel effet.

LOUIS BRUCK-LAJOS

ouis Bruck-Lajos est né à Papa, près du Balaton (en hongrois : *Veszprim varmegye*, prononcez si vous le pouvez). Tête large et puissante, front découvert, au sommet une apparence de cheveux, le reste est touffu comme une forêt vierge; yeux noirs et brillants; aspect militaire. On prendrait volontiers pour un officier en bourgeois, ce descendant des Huns, au torse indiquant la vigueur. A côté de cela, doux comme un agneau et doué d'une volonté de fer, il travaille sans cesse.

A l'âge de quinze ans, il alla étudier le dessin dans les petites écoles de Pesth, quelques bons vieux peintres lui donnèrent les premiers principes de l'art. Il se rendit ensuite à Vienne et étudia à l'Académie des Beaux-Arts; il reçut une pension de 600 florins par an et visita toute l'Italie, notamment Venise, de 1870 à 1873.

A l'Exposition universelle de Vienne (1873), il donna *Une scène vénitienne*.

En 1875, il vint à Paris. Pauvre, isolé, sans connaissances et sans protection, il étudia seul et il ne reçut les conseils de Munkacsy que lorsqu'il avait déjà conquis une certaine notoriété.

En 1876, il exposa au Salon : *Dans la forêt*; en 1877, *Départ pour la ville*. *L'Illustration* de 1878 a reproduit ce tableau. En 1878, *la Lettre de l'absent*, jolie scène d'intérieur; en 1879, *les Abandonnés*, qui valurent à l'auteur une mention honorable, intéressante scène d'intérieur. La même année, il donna *Une émigrante* : une petite fille bien portante et toute grassouillette tient une orange d'une main, de l'autre un parapluie plus haut qu'elle; autour, des malles, des paniers et autres accessoires de route; on part pour l'Amérique.

En 1880, *les Laveuses de la Sio* (Hongrie) et *Trop chaud!* L'année suivante, *Portrait de M. L.-N. D...* et *le Peu de sous qui restent*. En 1882, *Une mairie de village en Hongrie,* tableau très remarqué.

Cette année : *le Départ* et *le Guet-apens,* un progrès incontestable.

Bruck-Lajos est un peintre vigoureux doué d'une organisation artistique remarquable; son coloris est puissant, sa peinture impose l'attention. Il y a là un talent sérieux et, de plus, le peintre est resté national.

PIERRE-GEORGES JEANNIOT

IERRE-GEORGES JEANNIOT est né à Genève, le 2 juillet 1848, de parents français. Cet artiste, au talent vigoureux, est un tempérament. Figure intéressante, il n'a pas encore atteint les sommets et la gloire artistique, mais c'est un piocheur, à la volonté ferme, qui percera sûrement un de ces jours d'une manière éclatante. Il veut arriver et il arrivera.

Il a commencé la peinture avec son père, A. Jeanniot, alors directeur de l'École des Beaux-Arts, à Dijon. Il vint à Paris en 1881 et exposa *les Derniers tambours* ; en 1882, il donna *les Réservistes*. Ce tableau a obtenu une mention honorable et a été acquis par la ville de Paris. C'est une première étape heureusement franchie avec une toile digne d'éloges.

Il expose cette année *les Élèves caporaux* et *les Haleurs, jetée de Deauville*, progrès incontestables.

Tout le Paris artistique connaît aussi le crayon si remarquable de Jeanniot, qui a exécuté des chefs-d'œuvre de finesse et d'observation pour la *Vie moderne* et quelques portraits fort remarquables.

Nous prédisons à ce jeune artiste un brillant avenir.

BLAISE BUKOVAC

laise Bukovac est né en 1855 à Ragusa-Vecchia (Dalmatie). C'est un slave d'Autriche un peu américanisé par un assez long séjour à New-York.

La vie de ce vaillant artiste a été une série de luttes : dès l'âge de douze ans, il fut obligé de pourvoir à son existence après avoir perdu son oncle à New-York. A quinze ans, il eut la chance de rencontrer le consul général d'Autriche à New-York, qui lui donna les moyens de rentrer dans sa patrie.

Sa famille était pauvre et pour ne pas lui être à charge, Bukovac s'embarqua comme mousse à bord du navire marchand *Osmi Dubrowack*. Indignement maltraité à bord par un capitaine sans entrailles, il résolut de quitter ce navire au premier port venu, mais il fit une chute épouvantable du haut du grand mât, en vue de Constantinople. On l'abandonna à l'hôpital de cette ville. Il fut rapatrié une seconde fois et partit ensuite pour le Pérou.

Sans connaissances spéciales, Bukovac fit un peu de tout à Lima : tantôt on le voit peintre en bâtiments, tantôt dégraisseur de locomotives.

Voyant que, malgré son amour du travail, il ne parvenait pas à gagner le pain quotidien, le brave garçon partit pour San Francisco où il dut subir de nouvelles épreuves.

Las de cette vie de misère et de privations, il résolut de suivre ses aptitudes, quitte à mourir de faim ensuite. Il se mit à dessiner et à peindre, s'inspirant des images de Crom et des photographies.

Il vécut de ses travaux de 1874 à 1877, époque à laquelle il vint étudier à Paris et fut présenté à Cabanel, qui l'admit dans son atelier à l'École des Beaux-Arts.

Telle est l'odyssée de ce peintre de talent qui est arrivé, à la force de la volonté, à conquérir une place distinguée dans le monde des arts.

On connaît les toiles du jeune maître exposées depuis 1879 :

Jeune Monténégrine; Portrait de Mlle J... (1879); *Portrait de Mme ***; Portrait de Mgr Hilaire, métropolite du Montenegro* (1880); deux portraits au Salon de 1881; au Salon de 1882, une belle toile : *la Grande Iza* et *Plus heureux qu'un roi!*

Bukovac est constamment en progrès. Son exposition de 1883 est très intéressante.

BASILE CHEREMETEW

MEMBRE DE L'ACADÉMIE DES BEAUX-ARTS DE SAINT-PÉTERSBOURG

ASILE CHEREMETEW est né à Moscou en 1830. Aspect imposant, il y a de la race chez ce gentilhomme qui a préféré la couronne artistique à la couronne princière. Quand un Russe se mêle d'être un bel homme, il réussit généralement. Joignez à cela des manières exquises qui révèlent l'homme du monde, les sentiments de respect et de déférence pour les maîtres de la peinture qui accusent l'artiste chercheur, consciencieux, qui se croit toujours inférieur à l'idée qu'il a conçue. Il reçoit avec grâce dans son magnifique hôtel de la rue de la Faisanderie, où il a entassé des richesses artistiques et une collection d'objets de piété du style byzantin. Ce géant se fait petit devant le génie, ce qui ne l'empêche pas de travailler avec la plus vive ardeur pour acquérir la célébrité.

Basile Cheremetew a d'abord été attaché à la chancellerie de l'empereur de Russie, puis il a été nommé officier d'ordonnance du commandant en chef des troupes russes en Crimée. Il fut ensuite attaché à la personne du prince Bariatinsky, vice-roi du Caucase.

Il étudia la peinture à Saint-Pétersbourg, sous la direction de Swertchkow, le peintre de chevaux, puis il fut l'élève de Couture, de Boulanger et de Bogoluboff à Paris.

Il exposa aux Salons de 1865, 1866, 1876, 1877, des sujets de la vie nationale russe. Son tableau de 1879, *Maquignons russes*, fut très remarqué.

En 1880, il exposa *le Hersage en Russie*.

En 1882, il prit part à l'exposition des artistes russes à Paris, où il envoya trois toiles très intéressantes. Les deux premières représentent des travaux agricoles : paysans, chevaux, chariots, charrues, herses, se meuvent sur une terre fertile ; le sillon tracé par la charrue est profond. Autre scène : Les paysans chargent un chariot de petit bois, le travail des champs est terminé, on rentre au village. C'est travaillé, les chevaux russes sont vigoureux, ce ne sont point des bêtes de luxe mais de labour. Il donna aussi un tableau bien empoignant, on sent l'âme poétique du peintre dans cette toile : un cheval mort gît sur la neige, le sang qui est sorti des naseaux a rougi l'hermine du sol : un loup prépare ses crocs à la curée et une nuée de corbeaux volent à tire d'aile du lointain pour disputer au loup cette proie offerte à leur hideux appétit. Quel poème que cette toile si petite et si grande par l'idée qu'elle représente ! M. de Kozloff, le gentilhomme russe que tout Paris connaît, nous a dit à la vue de ce tableau : « Quelle vérité ! Combien avons-nous vu de ces chevaux morts au champ d'honneur pendant la campagne de Bulgarie ! Quel sentiment de tristesse s'emparait alors de nous ! Nous tirions sur ces infects rongeurs des chairs de nos braves compagnons de gloire. » M. de Kozloff, un brave officier, un imperturbable, qui n'a pas sourcillé à la Schipka, à Plevna, au milieu de la mitraille, a eu une larme pour le tableau du peintre. Quel hommage rendu à l'artiste ! Cheremetew a eu plus d'un succès en Russie, avant que de venir à Paris. A l'Académie impériale des Beaux-Arts, à Saint-Pétersbourg, il reçut la deuxième médaille en 1860 et fut nommé membre de cette illustre Académie en 1863. Il a laissé en Russie trois tableaux importants : *Sviatopolk le Maudit,* le *Tzar Michel Fedorowitch,* qui se trouvent au musée de l'Académie des Beaux-Arts de Saint-Pétersbourg et un tableau représentant *la Cour des ambassadeurs à Moscou, au* xviie *siècle,* qui se trouve aux archives principales de Moscou, du ministère des affaires étrangères.

Cheremetew expose presque chaque année au Cercle de la place Vendôme. C'est un peintre véritable, ayant du tempérament, de la vigueur. Il a décoré la chapelle russe de la rue Daru : *la Fuite en Égypte* et *les Disciples d'Emmaüs*.

FERNAND PELEZ

ERNAND PELEZ est né à Paris. Un jeune, un chercheur, un nerveux, toujours en mouvement. Physionomie intéressante, c'est de plus un de ces piocheurs de la génération nouvelle, en voie d'arriver par un coup d'éclat à la célébrité. Les qualités qui distinguent les œuvres de Pelez lui ont déjà valu une notoriété légitime. Il y a chez lui la correction irréprochable du dessin, la sincérité et la puissance du coloris, le fini admirable des détails, sans tomber toutefois dans l'afféterie et le prétentieux. Il peint largement quand son sujet l'exige, chacun de ses tableaux reflète son individualité.

Élève de Cabanel et de Barrias, il débuta au Salon de 1876 avec *Adam et Ève* et remporta une troisième médaille. Deux années plus tard il exposa la *Mort de l'empereur Commode* et reçut une médaille de 2ᵉ classe.

Aussitôt hors concours, Pelez changea de genre et,

abandonnant le genre classique, il rentra résolument dans la vie moderne. C'est alors qu'il exposa, en 1880, son *Lavoir,* qui lui valut une médaille de 1re classe, et *le Petit marchand de mouron*. Depuis, il n'a plus quitté la vie moderne ; en 1881, il exposa *la Maternité*, toile très remarquée, et *la Marchande de mouron ;* en 1882, *Un philosophe* et *les Irréconciliables*.

Cette année, il a exposé un superbe tableau intitulé *Sans asile :* une mère et ses enfants sont jetés à la rue. Cette grande page de peinture fera certainement sensation au Salon de 1883.

FERNAND DESMOULIN

ernand Desmoulin est né à Javerlhac (Dordogne), le 5 juin 1853. Ce jeune est plus connu comme dessinateur que comme peintre, mais nous le connaissons d'assez longue date et comme peintre et comme dessinateur. C'est un véritable artiste que nous avons vu chez Pille qui fait le plus grand cas de sa valeur; et puis, n'a-t-il pas cet excellent passeport: dessinateur de la *Vie Moderne*? Pour entrer dans ce sanctuaire de l'art, il faut avoir du talent, n'est-ce pas, Gœtschy? Donc, nous demanderons aux maîtres de vouloir bien accorder quelque crédit au jeune artiste si sympathique du reste.

Après avoir terminé ses études à Angoulême, il vint à Paris en 1871. Il commença par la médecine, mais entraîné par les choses de l'art, il négligea Hippocrate pour faire du paysage, s'occupant surtout du fusain, alors en grande vogue. Il put vivre avec ses petites études, puis vint une phase de lutte et de misère ; il dut, pour la conquête du pain quotidien, s'occuper de commerce, il parcourut ainsi une grande partie de l'Europe et put continuer à étudier la nature dans beaucoup de pays. En Angleterre surtout, ses paysages eurent un certain succès, assez grand même pour lui permettre de ne plus quitter les arts.

Il revint à Paris pour étudier la figure et eut pour maître, Bouguereau et plus tard L. O. Merson. Il a beaucoup travaillé seul, et c'est grâce à la *Vie Moderne* qu'il est parvenu à se créer une certaine place parmi les dessinateurs connus.

Il ne fait pas beaucoup de peinture, mais énormément de dessins fins et corrects et des portraits fort remarqués. Il a dessiné pour notre livre le portrait d'Alexandre Protais.

ERNEST DELAHAYE

rnest Delahaye est né à Paris, le 22 avril 1855. Le voisin et l'ami de Lapostolet, aussi travailleur que celui-ci. Grand touriste, affectionne particulièrement la Hollande.
Élève de Pils et de Lehmann, à l'École des Beaux-Arts, entra, en 1878, dans l'atelier de Gérôme qui l'envoya, même année, en Italie, faire une copie de Van Dyck.
En 1879, il exposa un *Portrait de jeune fille*, l'année suivante le *Portrait de M. Herrmann*.
En 1881, *Au lavoir*, la scène est tirée de *l'Assommoir*, É. Zola, c'est-à-dire le duel épique entre Virginie et Gervaise. On n'en est encore qu'aux préliminaires de l'action. C'est une œuvre très vivante.
En 1882, il exposa *l'Embatage*. L'embatage est une opération difficile et délicate qui consiste à ceindre d'un fer neuf une vieille roue en bois solidement réparée. Delahaye a représenté le moment où le cercle rougi

au feu et dilaté vient d'être glissé sur la roue. Cinq charrons ne sont pas de trop pour cette rude besogne. Les uns, à droite, maintiennent le fer avec des pinces, tandis que trois autres, au milieu et à gauche, achèvent d'*embater* le côté gauche de la roue.

Au contact du fer rougi, le bois se consume en dégageant une abondante fumée. Par places il va prendre feu, mais on l'éteindra sans peine, car des seaux sont à portée de la main et deux grandes cuves, pleines d'eau, prêtes à fournir le réfrigérant nécessaire.

Dans un instant la roue sera cerclée et prête à servir mieux que jamais le client qui la fait réparer.

La scène se passe dans une cour rustique, auprès d'un hangar servant de forge.

Ce tableau est vraiment intéressant.

Cette année, Delahaye a envoyé au Salon *la Pâque juive*. Au milieu d'un intérieur très bien rendu, des juifs célèbrent la Pâque. Il y a là huit figures bien traitées; le plus âgé des juifs est revêtu d'un vêtement blanc et lit le Talmud.

JOHANNÈS-MARTIN GRIMELUND

MEMBRE DE L'ACADÉMIE DES SCIENCES ET DES LETTRES DE STOCKHOLM.

OHANNÈS-MARTIN GRIMELUND est né en 1842 à Christiania (Norwège). Ce visage à la douceur séraphique à la chevelure blonde, était destiné à la théologie. C'est un fils de l'Église : son père est évêque et grand aumônier du roi de Suède et Norwège. Grimelund entra dans la carrière ecclésiastique, mais ce grand corps nerveux et impressionnable ne put se façonner à l'austérité de la règle, il se lassa de la théologie du droit canon et de la prédication évangélique et fut pensionné par son gouvernement pour étudier la peinture à Paris.

Élève de Hans Gude, il fut médaillé à l'Exposition de Philadelphie pour sa *Forêt de bouleaux*.

Grimelund est surtout paysagiste, ses études reproduisent en général des sites français. Au Salon de 1881 il exposa deux jolies toiles : *Dans les champs* (vallée de l'Oise) et *Averses d'automne à Auvers* (Seine-et-Oise). En 1882, il exposa un tableau d'un charmant effet intitulé :

Bateaux pêcheurs à Grundsund (Suède) et *Dans les graves de Villerville* (Calvados), superbe paysage, largement traité.

C'est un peintre sincère, qui représente la nature telle qu'il la voit, et dans les nombreuses études qu'il a faites ces dernières années, on constate sa tendance vers la perfection, c'est-à-dire vers la vérité. C'est un travailleur consciencieux, infatigable, modeste, qui sans être encore arrivé au rang des maîtres de l'art, est en passe de devenir maître à son tour. Il a de l'étoffe, de l'ampleur ; il est doué d'une volonté opiniâtre et il sait que la conquête de l'art n'est pas une entreprise facile.

Ce Norwégien est presque Français : son éducation artistique a été française, il a épousé une charmante Française et sa mère a reçu du gouvernement français une médaille d'honneur pour les services qu'elle a rendus à la France pendant la terrible épopée de 1870.

Nous avons omis parmi ses œuvres un *Coucher de soleil aux bords du golfe de Christiania*, tableau acquis par le célèbre romancier russe, Ivan Tourguéneff.

Cette année il a composé deux superbes tableaux : *Un matin de septembre* et *Prairies inondées*, près d'Amboise.

CAMILLE DELPY

amille-Hippolyte Delpy est né à Joigny (Yonne). C'est le boute-en-train du 11, place Pigalle; la tête la plus triste sortirait gaie de cet atelier où on sait rire et travailler en même temps. Cet aimable artiste, à la figure si chaude, est aussi hospitalier que franc causeur; il ne pose pas en pontife de l'art, parce qu'il n'est pas encore passé pontife; en attendant il travaille, raconte quelque histoire gauloise qu'il sait si bien dire; de temps à autre le front se plisse et le peintre cherche une idée, un sentiment, choisit une étude et la traduit en grand et reprend sa conversation.

Élève de Corot et de Daubigny, il a gardé un culte profond pour ses maîtres, et sa manière de peindre se ressent de cet enseignement vigoureux.

Il expose depuis 1869 et va toujours de l'avant. Chaque année est un progrès nouveau. Ses principales œuvres sont : *Nature morte*, chez son père; *Champ de coquelicots; Embarquement d'huîtres à Cancale; Matinée de printemps*, paysage bien ensoleillé; *la Mare; le Chemin du Moutier; le Boulevard Rochechouart par la neige*, toile très intéressante. En 1876, il exposa *les Vendanges nivernaises* et *Un coin de la rue des Martyrs par la neige;* en 1877, l'antithèse de ce dernier tableau, *Un juillet bien chaud* et *les Bords de l'Auguison, à Corbigny;* en 1878, *Solitude*, toile très poétique; en 1879, *Bord de rivière* et *la Cour du père Lambin* (effet de neige); en 1880, *Récolte d'automne;* en 1881, *Entrée de Dordrecht* (Pays-Bas); *Lever de lune à Villerville;* en 1882, *Crépuscule* et *Aube*, toiles qui furent remarquées au Salon.

Cette année, Delpy a envoyé *le Quai du marché aux poissons à Dieppe, après l'averse*, toile bien conçue et fort bien rendue.

Delpy a obtenu une mention honorable en 1881; mais il y a le long de ses murs d'autres mentions qui valent plus que cela, ce sont des tableaux et des études qui lui ont été offerts par ses maîtres et ses camarades qui apprécient son talent. Un autre *critérium*, qui a son importance : les amis des Arts achètent tout ce que ce peintre distingué produit. Ses paysages sentent le terroir, on y reconnaît la fougue de ses maîtres et leur bel agencement du tableau, ses figures sont d'un dessin très correct.

Pascal-Adolphe-Jean Dagnan-Bouveret

ascal-Adolphe-Jean Dagnan-Bouveret est né à Paris. Ce jeune maître, qui compte à peine vingt-six printemps, a une tête curieuse à étudier. L'aspect d'un méridional à la chevelure noire et au teint mat. Deux yeux vifs et perçants indiquent l'observateur, et ce front bien jeune porte déjà la trace de la réflexion. C'est un piocheur et un inspiré celui-là, il peint avec son âme et chacune de ses œuvres reflète un sentiment poétique !

Déjà il a conquis une place éminente dans l'armée de l'art et il vient de commencer à peine sa carrière. Il aime représenter des scènes de la vie moderne, comme son ami Courtois aime les scènes du *Dante*, et l'apologie de la grâce féminine est le lien qui rapproche ces deux amis sur le terrain de l'art.

Élève de Gérôme, Dagnan-Bouveret a exposé depuis 1876. *Sa noce chez un photographe* commença sa

notoriété (1879). *Un accident* et *Au Louvre* furent remarqués. Déjà nanti d'une médaille de 3e classe, il obtint pour son exposition de 1880, une médaille de 1re classe.

Son exposition de 1882 : *Bénédiction des jeunes époux avant le mariage, coutume de Franche-Comté,* fut un événement au Salon. On vit des maîtres qui avaient blanchi sous le harnais, acclamant ce jeune artiste et le proclamant maître. Nous nous rappelons l'enthousiasme de Bogoluboff, qui n'est pas prodigue d'éloges, disant à ses amis de l'art : « un jeune maître est né, « un tableau prodigieux a vu le jour. » Ce tableau a été acheté par M. Tretiakoff, le richissime collectionneur russe et un fin connaisseur de tableaux par-dessus le marché.

Dagnan-Bouveret n'expose rien cette année, ayant donné un tableau au Salon de la rue de Sèze, il se réserve pour le Salon triennal.

LÉON-FRANÇOIS COMERRE

ÉON-FRANÇOIS COMERRE est né à Trélon (Nord) en 1850. Figure sympathique; un méditatif aux yeux doux, aux manières distinguées.

Il est élève de Cabanel et a remporté en 1875 le prix de Rome.

La même année il a exposé au Palais de l'Industrie un tableau pour lequel une troisième médaille lui a été décernée.

Ses principaux envois aux Salons sont :

En 1878, *Junon* et *Jézabel dévorée par des chiens* ;

En 1880, *le Lion amoureux* ;

En 1881, une composition : *Samson et Dalila*.

En 1882, L. Comerre a exposé deux toiles fort importantes. Le sujet de l'une, intitulé *Albine morte*, est tiré de ce passage du roman :

« Albine très blanche, les mains sur son cœur, dor-

« mait avec un sourire au milieu de sa couche de ja-
« cinthes et de tubéreuses... Jeanbernat avait pris un
« volume dépareillé d'Holbach, qu'il lisait en veillant
« le corps. »

L'autre envoi de Comerre était intitulé : *Une étoile*. C'est de beaucoup le meilleur. Là, le peintre s'est surpassé.

Une étoile est un tableau présent à toutes les mémoires. N'est-ce pas le commencement de la célébrité pour un artiste ?

On nous répondra quand on aura vu son tableau de 1883 : *Silène et les bacchantes*, que nous estimons comme bien supérieur encore au tableau précédent.

ÉMILE BRETON

MILE-ADÉLARD BRETON est né à Courrières (Pas-de-Calais), le 8 mars 1831. C'est le frère de Jules Breton. Tête de soldat et d'artiste, véritable tempérament de peintre, il déborde de fougue, de sève, mais il sait mater son exubérance. C'est un sincère qui aime la nature, il est plus « réel que les réalités », a dit de lui Burty qui ne prodigue pas l'éloge. Son savant biographe, Maurice Gérard du *Nord contemporain*, lui a consacré une belle étude dans son intéressante publication que nous avons consultée avec fruit et que nous avons pillée *ad libitum*.

Émile Breton n'est pas seulement un artiste de grand talent, c'est aussi un patriote. Pendant l'année terrible, bien que déjà père de famille, il se rappela qu'il avait été sous-officier du 66e de ligne ; quatorze ans auparavant. Il voulut servir la patrie comme simple volontaire, mais on le nomma commandant des mobilisés de Lens et Carvin, fit la campagne du Nord et fut porté à l'ordre du jour pour sa belle conduite à la bataille de Saint-Quentin. Voici un certificat que nous transcrivons volontiers, c'est le rapport du colonel Poupart du 1er régiment de marche des mobilisés du Pas-de-Calais : « La « brillante conduite du commandant Breton à la bataille de Saint-Quentin, le 19 janvier, a beaucoup aidé au succès de la brigade. Il rallia ses hommes sous une grêle d'obus, les ramena et les maintint à l'ennemi jusqu'au soir. »

Émile Breton commença la peinture en 1857. Ses premiers envois au Salon datent de 1861. Depuis il a participé à toutes les expositions.

Mention honorable (1863); il fut médaillé en 1866, 1867 et 1868 et obtint aussi des médailles aux Expositions de Vienne et de Philadelphie, médaille de 1re classe à l'Exposition universelle de 1878 ; il fut nommé à la même occasion chevalier de la Légion d'honneur, décoration qu'il méritait doublement et pour ses succès de peintre et pour sa bravoure en 1870-71. Il reçut la croix de chevalier de l'ordre de Léopold à l'Exposition de Bruxelles.

Ses principales toiles sont : *Effet de lune, Une chaumière, Soleil couchant, Entrée de village, la Nuit, le Ruisseau d'Orchimont, Matinée d'hiver, Soir d'hiver, Nuit d'hiver, le Dimanche matin en hiver, le Canal de Courrières, Étoile du berger, Une matinée d'été, Soir d'automne.*

Les musées du Luxembourg, Boulogne-sur-Mer, Lille, Douai, Arras, Amiens, Grenoble, possèdent des toiles d'Émile Breton. Dans tous ces tableaux on reconnaît la franchise d'interprétation, la vigueur sincère, la simplicité émue et je ne sais quel accent inédit qui s'en va droit au cœur.

JACQUES-ALFRED BRIELMAN

acques-Alfred Brielman est né à Paris, le 7 avril 1834. Tête fine, spirituelle, *vir probus bene dicendi peritus*, franc d'allure et droit comme une barre de fer. C'est chez lui qu'on trouve le culte des maîtres poussé jusqu'à l'adoration, jusqu'au fétichisme; bon camarade pour chacun, admirant le talent et encourageant les débutants. Sa vie a été une lutte de tous les jours pour la conquête de l'art et jamais médaille ne fut plus méritée que celle qu'il obtint pour son paysage *Un soir dans les Cévennes*, tant remarqué au Salon de 1882.

Jamais vocation ne se manifesta plus énergiquement que chez Brielman. Il entra à onze ans et demi dans un atelier de peinture sur porcelaine. Ses débuts furent aussi rudes que laborieux. Marié à vingt ans, il ne manqua pas un seul instant à ses devoirs et fit face aux charges si lourdes d'une nombreuse famille. Son labeur, purement matériel d'abord, ne lui fit pas perdre le sentiment de l'art, et le peu d'instants dont il pouvait disposer après la conquête du pain quotidien, il le consacrait à l'étude de la nature.

Sa première exposition date de 1866 ; il fit plusieurs toiles dignes d'attention: *la Messe de sept heures*, rien de celle des élégantes qui vont à la Madeleine pour montrer leurs toilettes ; *le Moulin Perrot* ; *le Passage à gué* (acquis par l'État); *les Vieux arbres de Drevant*, toile remarquable qui lui fit friser la médaille.

« Élève de Lavieille, Brielman, dit le *Paris-Artiste*, est de cette école de paysagistes qui cherchent à composer un tableau; il peint la nature avec l'œil d'un artiste, et si parfois on peut lui reprocher d'exagérer la note mélancolique, ce défaut, si défaut il y a, est largement compensé par la sage ordonnance de l'œuvre, par la recherche des lignes. »

Gonzague Privat, qui est un fin critique d'art, doublé d'un peintre de talent, avait remarqué les efforts de Brielman, il suivait avec intérêt sa marche ascendante et ce fut lui qui, le premier, chercha dans l'un de ses articles, à attirer l'attention du jury sur l'artiste.

Aujourd'hui, Brielman arrive à la notoriété et a, de plus, fondé une dynastie artistique dans la personne de ses filles qui vont de l'avant et luttent courageusement, suivant l'exemple que leur a donné leur père.

En 1883, il a exposé *les Chênes, forêt de Tronçais* et *le Château de la Mothe, à Marçais*.

CHARLES CHAPLIN

HARLES CHAPLIN est né aux Andelys, de père anglais et de mère française, le 6 juin 1825. Grand, mince, distingué, tête de diplomate correct, soigneux de sa personne, amour profond pour les choses de l'art et les lettres.

A quatorze ans, il entra à l'atelier de Drolling, puis il alla passer quelque temps en Auvergne. Voyez-vous d'ici Chaplin, que le grand Théo a surnommé « le Courbet de la grâce », faisant du paysage, des animaux et des Auvergnats ! *Vues d'Auvergne, Pâtre des Cévennes, Troupeau de cochons !*

La vraie vie artistique de Chaplin date de 1851. Le portrait de sa sœur fut médaillé, il obtint une seconde médaille l'année suivante pour des portraits.

Ce peintre est une personnalité puissante dans l'art, le spectateur l'idolâtre et les connaisseurs en sont enthousiastes. Il y a chez lui la grâce de Watteau, de Boucher, de Greuze, de Fragonard et de Chardin, mais il a son originalité propre. C'est le peintre de la beauté et il encadre ses figures de fleurs et de petits génies ailés.

Outre ses jolies toiles, on a de lui une masse de décorations d'hôtels et de palais ; nous citerons celles qu'il exécuta aux Tuileries, à l'Élysée, à l'hôtel Musard.

Ses principaux tableaux sont : *les Premières roses; Jeune fille endormie* (1857); *la Poésie*, grand panneau décoratif; *l'Astronomie; Diane* (1859); *Diane endormie* (1862); *les Bulles de savon*, au Luxembourg ; *les Tourterelles* (1864); *le Loto*, musée de Rouen ; *le Rêve*, grand panneau décoratif (1866); *Jeune fille; Jeune fille à la perruche* (1867); *les Premiers liens* (1869) ; *Jeune fille au plateau; Jeune femme tenant un enfant endormi* (1870) ; *Haydée* (1873); *Jeune fille à la collerette, la Lyre brisée* (1875); *Jeune mère et son enfant* (1876); une quantité de beaux portraits de femmes; *Souvenir* (1882); *le Nid;* etc.

Quand ces dames veulent avoir un certificat de grâce et de beauté, elles disent : « J'ai été modèle chez Chaplin ! »

Médaillé en 1855, Chaplin fut nommé chevalier de la Légion d'honneur en 1865 et officier en 1877. Ce peintre délicieux est d'une modestie incomparable et quand on lui parle de ses œuvres, il dit que ce qu'il y a de plus intéressant chez lui, c'est sa femme et ses enfants.

CAMILLE BERNIER

 amille Bernier est né à Colmar ; il y en a qui écriraient entre parenthèses *Alsace-Lorraine,* moi j'inscris carrément *Haut-Rhin*. L'autre manière est trop tudesque pour qu'on s'en serve. Un peintre trop paysagiste pour faire son portrait *manu proprio*. Nous nous bornerons à offrir à la curiosité de nos lecteurs, sa tête, d'après le portrait fait par Courtry. *Suum cuique*, puisque nous avons commencé par du latin ! Ajoutons que quelques années ont passé depuis que Courtry a fait le portrait, ce qui n'empêche nullement Bernier d'être très bien de sa personne. Un peu moins de jeunesse, mais il est toujours intéressant dans son costume breton, son déshabillé d'atelier.

Bernier est un excellent paysagiste, au talent puissant, mais il ne sort guère de la Bretagne, pas plus que de son costume breton. Que diable, quand on est Alsacien, on fait aussi un coin de la terre natale, un pan de cette belle Alsace qui a vu tant de batailles et qui a été décrite avec tant de charme par Erckmann et Chatrian ! Allons, maître, faites-nous une fois un paysage alsacien, ce beau pays aux collines verdoyantes.

Bernier fit ses premières armes dans l'atelier de L. Fleury et a figuré à toutes les expositions depuis 1855. Ses principaux tableaux sont : *Baie de Penhir* (1863); *Feux de goémon sur la côte de Kersaint* (Finistère), *Landes de Bannalet* (Bretagne), médaille (1867); *Sentier dans les genêts* (Bretagne), au musée de Colmar, médaille (1868); *Fontaine en Bretagne*, au musée de Colmar, médaille (1869); en 1870, *Un chemin près de Bannalet*, au musée de Nantes ; en 1872, *Janvier* (Bretagne), au musée du Luxembourg ; *Août* (Bretagne), cette remarquable exposition valut au peintre la croix de la Légion d'honneur ; *Dan-Dour*, au musée d'Angers ; *Étang en Bretagne,* musée de Béziers ; *Automne* (1875), musée de Brest ; *Une ferme au Bannalet* (1876); *Lande de Sainte-Anne*, au musée de Quimper (1878); *l'Allée abandonnée*, au musée de la Rochelle (1879); *le Matin*, au musée de Lille (1880); *Lande de Kerrenic*, au musée de Madrid (1881); *l'Étang* (1882); *le Vieux chemin* (Bretagne) (1883).

Telle est l'œuvre de ce paysagiste puissant, qui dit toujours: « J'espère que mon tableau de l'année prochaine sera le meilleur ! » Le motif est tout trouvé, j'ai indiqué une recette plus haut, car j'aime la belle Alsace et ses lieds si tristes aujourd'hui depuis le départ du drapeau tricolore.

ÉTIENNE BEAUMETZ

TIENNE BEAUMETZ est né à Paris en 1852. Type extraordinairement sympathique, tête de rêveur; beaucoup de douceur dans ce barbu, chevelu comme un mérovingien. Celui-là aussi est un modeste, plein de respect pour ses maîtres (Cabanel et L. Roux), dur à la tâche, sévère pour lui-même et jamais satisfait de ce qu'il a fait. Il n'a qu'une préoccupation : chercher le beau, le vrai, et faire vibrer la fibre patriotique. Il aime la vie des soldats et il traduit l'épopée militaire, les hauts faits des obscurs, la bravoure du soldat, le courage qu'il idéalise dans l'armée.

En 1875, il exposa *En reconnaissance;* l'année suivante, *Mobiles évacuant le plateau d'Avron;* en 1877, *l'Infanterie de soutien,* acquis par l'État, et *En retraite;* en 1879, l'*Attaque d'un château,* toile très intéressante et le *Portrait du docteur Dujardin-Beaumetz de l'Académie de médecine;* en 1880, *Les voilà!* qui obtint une médaille de 3ᵉ classe et fut acquis par l'État; en

1881, *le Bataillon des Gravilliers;* en 1882, *la Brigade Lapasset brûle ses drapeaux*, toile qui fit bondir bien des soldats de l'armée de Metz et valut au jeune peintre les éloges de la critique, des maîtres et de ses camarades.

Cette année, il a envoyé *les Libérateurs*, tableau qui a de l'ampleur comme composition, et un beau dessin, *la Garnison quitte Belfort*.

La manière de Beaumetz est attrayante; il n'est pas encore un coloriste puissant, mais la voie qu'il a choisie plaît à ceux qui aiment l'armée et cherchent à la poétiser en retraçant les fastes de la vie militaire.

CHARLES LAPOSTOLET

ARLES LAPOSTOLET est né à Velars (Côte-d'Or). Belle stature, type quelque peu militaire ; c'est un artiste consciencieux et un rude piocheur, levé dès l'aube et travaillant jusqu'au soir. Il n'aime pas que son art, et quand il a quelques loisirs et quelques billets de banque de trop, on le voit descendre son cinquième étage de la cité Gaillard, où il a son atelier, pour aller à quelque vente de tableaux.

Il s'est entouré de quelques chefs-d'œuvre : de dessins de Léonard de Vinci, de Biscaïno-Barba, de Terburg-Gérard. Lapostolet a de la vénération pour les anciens, mais il aime les modernes et sait avoir de bonnes paroles pour ceux qui ne font que débuter dans l'art.

Lapostolet est le fils de ses œuvres. Dès l'âge de dix ans il fut mis en apprentissage chez un graveur-ciseleur en bijouterie. Une grave maladie l'obligea, vers sa vingtième année, d'abandonner la gravure pour ne point perdre la vue. Forcé de se créer des ressources, il entra dans le commerce et tenta d'y faire son chemin. Cet essai ne lui réussit pas, et quelques années plus tard il rentra dans la lutte, déterminé à tout risquer pour garder la liberté de faire de l'art.

Des dessins pour l'industrie, des compositions pour des publications diverses et différents travaux de ce genre lui permirent de gagner de quoi vivre pendant qu'il étudiait la nature en suivant les conseils de M. Léon Cogniet.

Sa persévérance, comme l'on sait, a fini par être récompensée.

A l'Exposition universelle de 1855, il fit recevoir deux tableaux : *Vue prise à Velars* (Côte-d'Or) et *Carrière dans la vallée d'Étampes*.

Depuis, il a exposé aux Salons de Paris : *la Promenade du jeudi*, souvenir de Chambolle en Bourgogne (1857) ; *la Combe au Diable*, près Velars (1859) ; *le Puits et la Récréation* (1861) ; *Scène de cabaret* et *Berthe* (1864) ; *le Lavoir*, souvenir de Bourgogne (1865) ; *Diane Madeleine et sa poupée* (1866) ; *Diane et Actéon* (1867) ; *les Patineurs au bois de Boulogne* (1868) ; *Un pigeonnier* (1869) ; *Vue du canal Saint-Martin, à Paris, pendant l'hiver* (actuellement au musée du Luxembourg) et *Chacun son tour* (1870) ; *Dordrecht* (acheté par le musée de Dunkerque), en 1871 ; *la Seine à Auteuil* et *la Seine à Saint-Denis* (appartient au musée d'Argentan), en 1872 ; *Marée basse à Trouville* (1873) ; *l'Avenue des Ternes* et

Dieppe (1874) ; *Rouen* et *la Plage de Villerville* (1875) ; *le Port Saint-Nicolas, à Paris,* et *la Seine en vue de Rouen* (1876) ; *Une vue de Rouen* (1877) ; *le Canal de la Giudecca, à Venise* (1878), acheté par l'État ; *la Fête de Villerville* et *Barques près de Rouen* (1879).

Le Port Saint-Nicolas et *Rouen* ont été de nouveau exposés en 1878 à l'Exposition universelle.

Lapostolet a obtenu une médaille au Salon de 1870.

Les derniers envois de l'artiste, au palais de l'Industrie, ont été : en 1880, *l'Avant-port de Dunkerque* et *le Port Louviers, à Paris* (acheté par la ville de Rouen) ; en 1881, *le Port de Rouen ;* en 1882, *la Tamise à Greenwich* (2e médaille, H. C., acheté par l'Etat) et *la Seine à Rouen.*

Lapostolet expose cette année *le Port de la Rochelle* et *le Port de Nantes,* toiles véritablement intéressantes.

ALEXANDRE BERTIN

LEXANDRE BERTIN est né à Fécamp, le 12 juin 1854. C'est un sympathique, un doux, qui a dû lutter, souffrir pour arriver à vivre de son pinceau. Nous avons le souvenir d'une étude pleine de poésie qu'un écrivain de Fécamp, M. P. Coudert, a consacrée au jeune peintre. Quoi de saisissant comme cet épisode de sa vie que nous reproduisons et qui a trait au séjour de l'artiste dans son atelier, rue de l'Abbaye, n° 13. — 13, numéro fatidique! O vous autres, bourgeois, lisez ceci et vous verrez ce que sont souvent les débuts d'un peintre !

C'était un rez-de-chaussée humide et froid, dans une de ces maisons adossées à l'église Saint-Germain-des-Prés, et qui étaient autrefois une dépendance de l'Abbaye.

L'atelier était clos par une mauvaise porte de bois blanc peinte en vert foncé et joignant mal. Le vent passait au travers, en dessous, de tous côtés, et entrait comme chez lui dans le pauvre atelier de l'artiste.

Pauvre atelier, en vérité ! Deux chaises en composaient l'ameublement, et encore n'appartenaient-elles pas à leur maître apparent. De lit point, ni rien même qui y ressemblât. Alexandre couchait sur la terre ou plutôt sur le mauvais plancher qui l'en séparait. Il se déshabillait à moitié et se servait, en guise de couvertures, des habits qu'il avait ôtés. A ces souffrances, à ces misères, s'ajoutait la faim. Alexandre ne déjeunait pas toujours et quelquefois, après avoir jeûné le matin, il ne dînait pas davantage le soir. Dans ces moments de détresse, un verre de bière, une tasse de café offerts par un ami lui tenaient lieu de repas.

Un jour, accablé de fatigue, la tête en feu et la fièvre dans les veines, Bertin se coucha dans son atelier et s'endormit. C'était au cœur de l'hiver ; la neige blanchissait les toits et la bise soufflait à travers les ais mal joints de la porte.

Lorsqu'il s'éveilla, ses membres étaient glacés, une torpeur invincible l'avait engourdi des pieds à la tête.

Il resta ainsi près de trois jours sans se lever et sans manger ni boire. Sa volonté était anéantie.

Comme je l'ai dit, l'atelier de Bertin touchait à l'église Saint-Germain-des-Prés. De l'autre côté de l'épaisse muraille se trouvait une chapelle dans laquelle se célébrait quelquefois l'office des morts. Le deuxième jour de son engourdissement une messe funèbre fut chantée dans cette chapelle. Que l'imagination se représente ce double spectacle : d'un côté, un homme couché sur la terre, engourdi par le froid et les privations, en proie à l'hallucination et au délire ; de l'autre, les chants lugubres du *De Profundis* et du *Dies iræ*, psalmodiés lentement par quelques voix graves au milieu des appareils de deuil ! Lorsqu'on est arrivé à un certain degré de souffrance la mort cesse d'être un mal. Il sembla à Bertin qu'il assistait à son propre enterrement, que ces chants tristement solennels étaient pour lui.

Une larme en passant, si cela vous plaît, moi, j'y suis allé de la mienne ! Heureusement que Bertin se porte aujourd'hui comme vous et moi !

Le *Dies iræ* est loin ; on n'est pas encore au *Te Deum*, mais cela viendra.

Après avoir remporté un prix de fin d'année en 1875, il quitta l'atelier de Cabanel, à l'Ecole des Beaux-Arts, et commença à travailler seul.

Son premier envoi au Salon date de cette époque (1875).

En 1877 il a exposé une *Sapho* et un *portrait;*

En 1878, un autre *portrait;*

En 1879, *Tireurs d'arc gaulois se disputant un oiseau;*

En 1880, *la Première moisson;*

Enfin, en 1881, *deux portraits.*

En 1882, il expose une grande toile très hâtivement faite et intitulée : *les Funérailles de Hoche.*

Il y a au musée de Fécamp un tableau remarquable du jeune peintre, représentant *la Mort d'Abel.*

En 1883, *Rêverie.*

ANTONIO CASANOVA Y ESTORACH

ntonio Casanova y Estorach est né à Tortosa (Espagne), le 9 août 1847. Piocheur infatigable, il est constamment sur la brèche ; il fait de grandes compositions qu'il peint d'arrache-pied, modifiant sans cesse ses figures, améliorant ici, recommençant là, et jamais satisfait de son œuvre. Son atelier de la rue Greuze est un vrai musée de costumes, d'armes et d'instruments de musique : une guitare se croise avec un mousqueton, un violoncelle fait vis-à-vis avec une panoplie de rapières anciennes. — Dans ce caravansérail artistique, on voit le peintre en robe de chambre longue et ouatée travailler devant son chevalet. — Il ne perd pas un instant et sa causerie, toujours intéressante, ne l'empêche pas de promener, de sa palette à son tableau, son pinceau tenu d'une main fiévreuse d'activité.

A l'âge de treize ans environ, il entra à l'École des Beaux-Arts, dont il n'aurait pas pu suivre bien longtemps les cours si le directeur Lorenzale n'avait remarqué ses progrès et ne s'était attaché à le protéger.

Casanova eut, en peinture, son protecteur pour premier maître. Plus tard, il suivit les conseils de Frederico Madrazo et obtint le prix de Rome en 1871.

Il fut pensionnaire de la villa Médicis depuis cette époque jusqu'en 1875.

En 1875, il vint à Paris pour des affaires d'intérêt et exposa pour la première fois, au palais de l'Industrie, un petit tableau intitulé : *les Victimes d'un pillage*.

La capitale française et notre mouvement artistique ayant séduit le jeune Espagnol, il s'empressa de prendre les dispositions nécessaires pour se fixer à Paris, qu'il n'a plus quitté depuis son second envoi au Salon, en 1877 : *les Favoris de la cour*.

Aux expositions suivantes, il a régulièrement collaboré par un ou plusieurs envois. On a pu voir de ce peintre :

Au Salon de 1878, *Van Dyck à la cour de Charles Ier d'Angleterre* et *le Chocolat;*

Au Salon de 1879, *le Mariage d'un prince;*

Au Salon de 1880, *le Héros de la fête;* et enfin l'an dernier : *Au coin d'un jardin* et *Fin gourmet*.

En 1882, Casanova, rompant avec ses habitudes, a envoyé au palais de l'Industrie une toile importante par ses dimensions, dans laquelle les personnages mis en scène sont au moins aussi grands que nature.

Le sujet de cet envoi est tiré des troubles de la Ligue, et le tableau, qui a pour titre : *le Froc et l'Épée*, représente des moines qui s'arment pour la guerre civile.

En 1883, *Un astre naissant; Jeunesse de Mme de Pompadour* et *Toujours le Roi !*

Ce vaillant artiste est toujours en progrès. Il a dessiné pour notre galerie le portrait de son vénéré professeur Lorenzale, que nous publions comme un hommage rendu par Casanova au maître espagnol, persuadé que ce portrait si intéressant sera bien accueilli de nos lecteurs.

AUGUSTE FEYEN-PERRIN

UGUSTE FEYEN-PERRIN est né à Bry-sur-Seille (Meurthe-et-Moselle). Haute stature, cette carnation chaude qu'on rencontre en Syrie, belle tête. On croirait en voyant ses cheveux longs, bien séparés au milieu, et sa barbe tombant négligemment, être en présence de quelque dignitaire de l'église d'Orient. Beaucoup de douceur et de tristesse chez ce vaillant peintre.

Feyen-Perrin est élève de L. Cogniet et d'Yvon. Il débuta, en 1855, par *le Retour à la chaumière* et exécuta plusieurs toiles intéressantes de 1857 à 1864. *La Barque de Caron*, musée de Nancy ; *le Cercle des voluptueux du Dante; Fête vénitienne; la Muse de Béranger; Épisode des premières guerres; Danse antique*, qui lui valut une mention honorable ; *la Leçon d'anatomie du docteur Velpeau; la Grèce*. En 1865, *l'Élégie* et *Charles le Téméraire retrouvé après la bataille de Nancy*, tableau qui fut médaillé et acheté pour le musée de Nancy.

On aurait pensé qu'après ce succès, l'artiste se consacrerait entièrement à la peinture d'histoire, mais il en fut tout autrement, il ne voulut s'enchaîner à aucun genre et alla où sa fantaisie l'entraînait. Il fit un voyage à Cancale en 1866, et en revint avec *les Femmes de l'île de Batz attendant la chaloupe de passage*. En 1867, *la Vanneuse* lui valut une médaille. Son talent s'affirma de plus en plus dans *le Naufrage de l'Evening-Star* (1868); *le Poison, la Ronde des étoiles, Vanneuses de Cancale* (1869); *Mélancolie, l'Enfance du mousse;* dans cette belle élégie qui s'appelle *le Printemps de 1872,* toile aussi touchante que patriotique. Il donna ensuite : *Cancalaises à la Source, le Retour du marché* (1873); *la Rosée, Retour de la pêche aux huîtres* (musée du Luxembourg) pour lequel il obtint une médaille en 1874. Puis des portraits remarquables, Mlle *Wagatha, M. Frogier de Ponlevoy, général Billot, Alphonse Daudet; les Cancalaises* (1876), etc.

Nommé chevalier de la Légion d'honneur en 1878, Feyen-Perrin a continué sa marche ascendante par *le Retour de la pêche à marée basse; Astarté*.

Ensuite, *la Pêche à pied* (1881); *Ivresse; le Chemin de la Corniche* (1882).

Feyen-Perrin a envoyé cette année: *Danse au crépuscule* et *Printemps*.

PAUL SAÏN

AUL SAÏN est né à Avignon. C'est un type méridional ; œil vif, observateur, le teint mat, le poil est brun ; il y a chez lui une tendance vers l'embonpoint qu'il combat du reste par un exercice incessant. Grand causeur et excellent diseur, c'est un Provençal familiarisé avec la langue de Mistral, celle des félibres ; et quand il n'est pas à son chevalet il aime lire et choisit de préférence Méry et tous ceux qui ont chanté la Provence, le pays du soleil. — C'est un penseur et un piocheur qui aime aller passer son dimanche non à Asnières mais dans l'atelier de Rapin, où il échange avec ce maître ses impressions et lui demande ses conseils.

De bonne heure il eut des goûts artistiques très prononcés, mais n'a pu suivre son inclination qu'après quelques années pendant lesquelles ses parents l'obligèrent à apprendre un métier capable d'assurer pratiquement son existence.

Pendant ces années d'apprentissage, qui furent pour le jeune homme des années de véritable souffrance, tant était vive son ardeur artistique, il se dédommageait en allant, dès l'aube, peindre d'après nature jusqu'à l'heure fixée pour le travail à l'établi. Ces premières études matinales furent dirigées par M. Guilbert d'Anelle, directeur de l'École des Beaux-Arts d'Avignon, auquel le jeune peintre-ouvrier allait porter de temps en temps ses essais en sollicitant des conseils.

Vers la fin de 1876, Paul Saïn, ayant enfin satisfait aux exigences paternelles, jeta l'outil pour se consacrer exclusivement à l'art. Il entra, en 1877, dans l'atelier de feu M. Lehmann, à l'École nationale des Beaux-Arts (Paris), qu'il quitta pour entrer dans l'atelier de Gérôme, dont il suit encore les conseils, dans la mesure de souplesse de son tempérament artistique.

En 1878, Paul Saïn obtint le premier prix au concours d'Altainville. L'année suivante, il exposa pour la première fois deux paysages : *Bords de la Seine* et *Environs d'Avignon*; en 1880, *la Cabane à Eugène* (effet de neige) et *le Soir à Billancourt*. Enfin, en 1881, *Ruisseau sous bois* et *Bords de la Bièvre à Bourg-la-Reine*.

En 1882, Saïn expose deux paysages ; l'un des environs de Paris : *le Soir aux bords de la Seine* (Billancourt) ; l'autre des environs d'Avignon : *le Matin aux bords du Rhône*.

Ce tableau fut acheté par l'État.

Il a envoyé cette année, *Fin d'automne aux environs d'Avignon* et la *Campagne aux environs de Saint-Chamas*, dont on nous dit le plus grand bien.

ARTHUR CANELA

A RTHUR CANELA est né à Paris en 1847, de parents espagnols, un brun aux yeux vifs, à la chevelure noire, manières distinguées, qui a reçu outre son éducation artistique une excellente éducation dans sa famille, ce qui ne gâte rien au métier.

Élève de Cabanel, il travailla longtemps à l'étranger où il exécuta des décorations importantes.

Rentré à Paris, il exposa une grande figure : *Diane chasseresse*; en 1882, *le Portrait de sa mère*. Au Salon de 1883, il donne *une Jeune fille en prière*.

ÉMILE RENOUF

MILE RENOUF est né à Paris, le 23 juin 1845. Forte constitution, taillé comme un vrai loup de mer, un blond barbu et chevelu qui tient le pinceau aussi fortement que l'aviron, avec cela un vrai poète, qui aime la nature et passe son temps au milieu de la rude population des travailleurs de la mer, ce qui ne l'empêche pas du reste de chercher aussi des impressions ailleurs.

A vingt-deux ans, après avoir terminé ses études au lycée Bonaparte, il se mit à peindre seul, et il fit ses débuts au Salon par un paysage intitulé *Allée de Pommiers*. Il entra ensuite dans l'atelier Julian et étudia successivement sous la direction de Boulanger, Bouguereau, Jules Lefebvre et Tony Robert-Fleury, Carolus Duran l'assista aussi de ses conseils pour la figure et Pelouze lui enseigna le paysage.

Ses expositions suivantes sont : *Environs de Honfleur, Printemps* (1872); *Environs de Honfleur, le soir* (1875);

Après la pluie, Soleil couchant, Tourne donc, mousse (1876); *Une vallée dans le Finistère, Aux environs de Honfleur, l'hiver* (1877); *Maison du Haut-du-Vent à l'embouchure de la Seine*, tableau important (1878); *la Fin de la journée* et *Dernier radoub; Mon pauvre ami !* Cette belle toile a été acquise par l'État (1879); *la Pierre des pendus* (Finistère); *la Veuve, île de Lein* (Finistère), toile du plus grand effet, qui valut à son auteur une médaille de 2ᵉ classe (1880). Quelle page poétique ! La veuve avec ses vêtements de deuil est agenouillée devant la pierre tombale, son fils aussi, un futur matelot, prie, tenant son bonnet à la main ; à droite et à gauche d'autres tombes, au second plan un mur, au dernier plan la côte rocailleuse et la mer mouvante. Comme c'est grand ! En 1881, *Un coup de main, Après un coup de vent*, toiles vigoureuses. En 1883, une toile grandiose et magistrale, *le Pilote*, qui fait sensation au Salon.

Émile Renouf est un peintre du plus grand avenir, son talent saute aux yeux. On sent, en voyant ses œuvres, qu'on a devant soi un peintre de grande allure, qui ira fort loin.

ALFRED WAHLBERG

MEMBRE DE L'ACADÉMIE DES BEAUX-ARTS DE STOCKHOLM

Alfred Wahlberg est né à Stockholm, le 13 février 1834. Ce maître est presque Parisien par son long séjour parmi nous, et pas un artiste, digne de ce nom, ne connaît pas celui qu'on a surnommé *le peintre du clair de lune*. Belle prestance, le buste est superbe ; la figure aux traits fins, au nez fureteur ; la bouche un peu railleuse, forme un ensemble des plus agréables. Le front est bien découvert ; le regard perçant indique l'observateur. C'est un grand touriste devant le Seigneur, qui raconte avec esprit ses voyages. Il y a un intérêt énorme à écouter les aperçus du peintre sur les hommes en évidence : personne n'est étranger à ce Suédois si Parisien, et son jugement sur les hommes et les choses est un critérium marqué au coin de la vérité et de la justice.

En 1870, le maître suédois exposa deux tableaux dont l'un fut médaillé. Le roi décora le peintre de l'ordre de Wasa. Un de ces tableaux se trouve également au musée national de Stockholm.

Wahlberg fut le seul paysagiste qui reçut une deuxième médaille au Salon de 1872, pour ses deux tableaux, *Vue de Vestergotland* et *Côte de Bretagne*, qui furent très remarqués. Ce dernier tableau ne plaisant pas au maître, il le gratta et commença sur la même toile *Une forêt de hêtres* qui eut un grand retentissement et valut à son auteur, en 1874, la croix de la Légion d'honneur. Même avant 1873, la critique fut très élogieuse à son égard pour un *Clair de lune* et *Jour d'octobre à Waxholm*. Il suffit de rappeler que Paul de Saint-Victor l'appela l'Hobbema de la Suède. Le gouvernement français voulut acheter ces tableaux pour le Luxembourg, mais ils étaient déjà vendus.

Wahlberg, couvert de décorations étrangères, reçut les insignes d'officier de la Légion d'honneur en 1878.

Le maître suédois est le fondateur de l'école réaliste-romantique qui rompt avec la doctrine prétentieuse que la nature doit être embellie par le pinceau de l'artiste, pour exercer un charme plus grand sur le spectateur. Son impression est spontanée et fraîche, il rend la nature telle qu'il la voit, sans embellissement d'atelier. Il attache la plus grande importance à l'unité et à l'harmonie de l'effet et de la couleur. Avec des moyens simples et insignifiants en apparence, il réussit à produire un effet frappant de vérité avec un sentiment vraiment poétique.

Les toiles magistrales qu'il a exposées au Salon de 1881 : *Village de pêcheurs à Fjellbacka* (Suède) et *le Soir aux environs de Stockholm*, sont encore dépassées par ses tableaux de 1882, *Forêt de Saro, près de Gothembourg,* et *Soir de novembre en Suède*. Là, la chaleur, la mer calme, coloris extraordinairement chaud ; ici, les frimas, le givre. Quel merveilleux tableau ! Cette année le maître suédois n'expose rien, ses études l'ont retenu trop longtemps en Suède, il n'a pas eu le temps d'achever un grand tableau qui figurera au Salon triennal et y fera certainement sensation.

Le portrait de Wahlberg que nous donnons ci-contre a été dessiné par son ami Edelfelt, le gracieux peintre finlandais.

Wahlberg est élève de Hans Gude. Arrivé à Paris, vers la fin de 1866, il exposa un paysage suédois à l'Exposition universelle de 1867, qui ne lui valut pas l'attention de la critique. Un an plus tard, il exposa *le Soir à Bohnslaen* et un *Clair de lune*, qui reçurent les éloges de Théophile Gauthier, de Paul de Saint-Victor, de Charles Clément, etc. Le premier tableau fut acheté par le roi défunt Charles XV, grand ami du peintre et peintre lui-même. Ce tableau appartient aujourd'hui au musée national et lui a été légué par le roi. L'autre partit pour l'Angleterre.

LOUIS FRANÇAIS

Louis Français est né à Plombières (Vosges), le 17 novembre 1814. Stature majestueuse, figure à l'expression belle et intelligente, homme de goût ; il est épris d'idéal autant qu'il est amoureux de la nature. Il a montré par ses œuvres que la vérité et le beau peuvent être réunis. Il est doux, affable, comme tous les vrais talents ; les élèves l'adorent.

Il vint à Paris en 1829, entra chez un libraire et se livra à son goût pour le dessin. Quelques années plus tard, il exécutait des vignettes sur bois qui étaient déjà recherchées. Devenu élève de Gigoux, il collabora avec lui à diverses publications illustrées qui eurent du retentissement.

Entre temps, il étudiait la peinture, devenait l'élève et l'ami de Corot et exposait un tableau, *Chanson sous les saules*, qui fut très remarqué. Il obtint en 1841 une troisième médaille et une première en 1848, puis une première médaille aux Expositions universelles de 1855 et de 1867, enfin la médaille d'honneur à l'Exposition universelle de 1878. Il a été nommé chevalier de la Légion d'honneur en 1853 et officier du même ordre en 1867.

Parmi ses principales toiles, nous citerons :

Le Parc de Saint-Cloud, avec des figures de Meissonier ; *Soleil couchant, en Italie ; le Ravin de Nepi ; Un sentier dans le bois ; Vue prise au Bas-Meudon ; le Soir ; Orphée, le Bois sacré, les Fouilles de Pompéi* qui eurent un succès retentissant ; enfin, plus récemment, *le Miroir de Scey,* une étude du *Puits-Noir* et *la Grande route à Combes-la-Ville.*

Son envoi de cette année se compose d'un grand tableau et d'une petite étude faits aux environs de Nice, où l'on retrouve la belle ordonnance, l'élégance des formes, le charme exquis du rendu qui ont fait à ce maître une si belle place dans l'art contemporain.

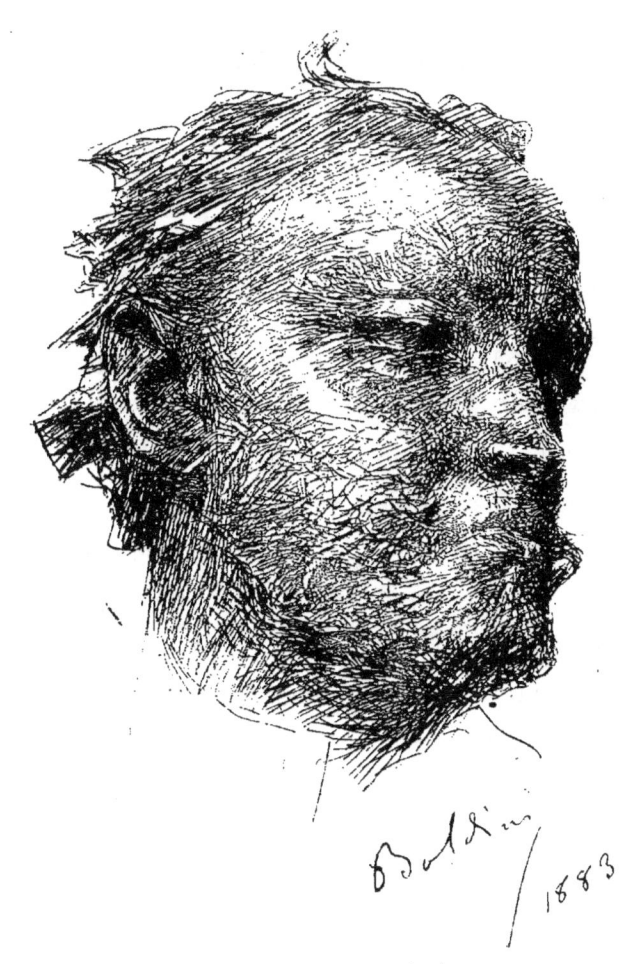

JEAN BOLDINI

ean Boldini est né à Ferrare (Italie) en 1844. Ce peintre est fils de ses œuvres, et il a fait ses études tout seul, sans maîtres. Il y a de la volonté et de l'énergie dans cette tête que le sculpteur italien Gemito a modelée. Front large et découvert, barbe coupée court. Un Italien blond comme le chevalier Nigra, comme lui encore visage souriant, esprit caustique et dilletantisme musical. Le peintre est fou de musique autant que de peinture ; il adore Verdi, Arigo Boïto, et l'auteur des *Scènes parisiennes* se divertit avec les *Soirées parisiennes* de Fahrbach. Un des commensaux de Mme Rébiffé, *vulgo* le café de La Rochefoucauld, quand il ne dîne pas avec l'ambassadeur d'Italie.

Boldini aime peindre la femme, soit celle du *high-life*, soit la bourgeoisie ou l'ouvrière. Il fait mouvoir ses femmes dans un paysage intéressant où il y a des chevaux, des voitures, depuis le coupé jusqu'à l'omnibus.

Ses chevaux sont superbes. Il y a chez lui, à côté de son buste de Gemito, une certaine Léda avec son cygne de Jupiter que Galimard aurait certes regardée avec un œil d'envie. Çà et là, de magnifiques percherons.

Il a exposé plusieurs fois en Italie, à partir de 1867, et il vint se fixer à Paris en 1874. Il a exposé des *Scènes parisiennes*, et a précédé de Nittis et Jean Béraud dans ce genre, si goûté aujourd'hui. En 1874, il exposa des *Blanchisseuses* accortes et amusantes ; *le Pont des Saints-Pères* avec des chevaux, un omnibus ; en 1876, *le Parc de Versailles* avec beaucoup de figures, toile importante achetée fort cher par un riche amateur. Les deux années suivantes, surmené de commandes pour l'Angleterre et la Russie, il ne put exposer. En 1879, il donna *la Dépêche* ; en 1880, le beau *Portrait de Mme**** ; ces dernières années il n'exposa pas et envoya de précieux tableaux en Angleterre, en Amérique et aussi en Autriche, tableaux qui lui avaient été commandés.

JOSÉ FRAPPA

osé Frappa est né à Saint-Étienne en 1854. Beau blond, la moustache en croc, l'œil vif, un je ne sais quoi de méditatif et de studieux, il lit autant qu'il peint, ce jeune artiste. Quand a-t-il le temps de chercher ses prêtres égrillards ? On me dit qu'il lit plus assidûment la Bible que son Rabelais. Question de marchands de tableaux, sans doute. Pour eux il fait des tableaux de genre, amusants comme tout ; pour lui et son avenir il fait des sujets religieux. Quand pourra-t-il chasser les marchands du temple ? Nous l'ignorons encore, mais Frappa garde dans son *home* quelques toiles superbes qui verront bientôt le jour et feront du bruit, je vous le dis.

Destiné par sa famille à l'École des mines de Saint-Étienne ; puis, forcé d'apprendre la fabrication des rubans, José entra à l'École de Lyon, afin d'étudier le dessin pour soierie.

En 1874, il vint à Paris, entra à l'École des Beaux-Arts dans l'atelier de Pils, dont il suivit les principes en même temps que les conseils de Charles Comte.

A vingt-deux ans, en 1876, il exposa pour la première fois, et remporta un véritable succès avec *la Main chaude,* petite scène de moines se récréant à ce jeu primitif.

En 1877, il exposa *la Récréation* et un *Moine lisant Rabelais;* en 1878, *la Fête de Son Éminence;* en 1879, *les Quêteurs* et *la Confession du Fou;* en 1880, *le Chapitre XXI* et *les Derniers moments de saint François d'Assise,* mention honorable; en 1881, *le Dîner impromptu* et *Portrait de J. Garnier;* en 1882, deux nouvelles scènes de genre : *Un agneau parmi les loups* et *les Indiscrets.*

AUGUSTE LELOIR

ean-Baptiste-Auguste Leloir est né à Paris en 1809. Bon pied, bon œil, figure souriante encadrée de cheveux qui se rapprochent quelque peu de la couleur du mont Blanc, mais le visage est toujours jeune comme le talent. Levé dès l'aube, Leloir travaille comme s'il avait encore besoin de travailler. Quel charmant homme que cet artiste ! Quelle causerie intéressante que la sienne quand il nous raconte les peintres de la génération si vigoureuse de 1830 ! En voilà un qui connaît l'histoire de l'art contemporain, les fastes de l'époque généreuse dans laquelle ont brillé tant de talents !

Leloir fut médaillé en 1839, il reçut une médaille de 3e classe en 1841 et fut décoré de la Légion d'honneur en 1870.

Outre plusieurs ouvrages antérieurs, il exposa en 1841 : *Homère chantant*. Ce tableau, après avoir longtemps fait partie du musée du Luxembourg, est actuellement à celui de Compiègne.

En 1842, il donna : *Famille chrétienne livrée aux bêtes ; Marguerite en prison ; Chrétiens aux catacombes.*

Il exécuta de superbes peintures murales à l'église Saint-Séverin, à la chapelle Saint-Louis, à celle de Saint-Leu-Taverny et autres œuvres importantes ; puis il décora la chapelle Saint-Joseph, dans le transept de l'église Saint-Jean de Belleville, il fit *Saint Vincent* et *la Nuit de la Toussaint.*

C'est un peintre de talent, un artiste modeste, doux, affable et bienveillant, qui a su se concilier le respect et l'affection de la jeune génération.

Ses fils Louis et Maurice Leloir sont ses élèves ; il croit en leur étoile déjà lumineuse et il a mille fois raison.

Auguste Leloir est professeur à l'École normale supérieure. Parmi ses autres ouvrages nous citerons : *le Départ du jeune Tobie ; Daphnis et Chloé ; Sapho au cap de Leucade ; Jeanne d'Arc dans sa prison ; le Mariage de la Vierge ; la Sainte Famille en Égypte ; Horace à Tibur* (1878) ; *Renaud et Armide ; Silène ; Mignon ; Portrait de M. de Chennevières* et *la Femme du pêcheur* (1883).

CHARLES VOILLEMOT

HARLES VOILLEMOT est né à Paris, le 13 décembre 1822. Stature imposante, figure remarquablement belle ; il y a du lion aussi dans cette tête aux cheveux d'un blond fauve, qui ont blanchi. Dans l'ensemble, il y a du Théophile Gauthier, à l'époque où ce maître n'avait pas encore pris l'embonpoint de ses dernières années. On aime et on retient cette tête-là. Quel causeur aimable, quel charmeur! Si la tête est blanche, le talent ne vieillit pas; chaque jour Voillemot fait plus jeune et plus beau. Il boit certainement à quelque fontaine de Jouvence de l'art.

Voillemot a étudié sous Drolling. Sa première exposition est de 1849 : *Phœbé;* puis il envoya aux divers Salons les œuvres suivantes : *les Feux follets; Zéphyr; le Rêve; Fête galante; le Printemps; le Festin de Pierre; Cupidon; Jeunesse; le Nid; Velléda; la Cigale et la Fourmi* (1870); *le Renouveau; la Femme aux roses; Cré-*

puscule (1876); *l'Innocence en danger; Georges et Jeanne Hugo* (1879); *Rêverie; Mme P. C...; le Rappel des amoureux* (1883). Toutes ces toiles ont été applaudies par la critique. Théophile Gauthier a placé Charles Voillemot dans l'école des délicats, avec Gérôme, Picou, Hamon, Boulanger, Lévy.

Théodore de Banville dit de Voillemot : « C'est un pinceau magique. » C'est aussi un décorateur merveilleux de finesse et de brio, dont l'œuvre est immense et dénote d'inépuisables facultés d'invention et d'ingéniosité.

PROSPER GALERNE

 ROSPER GALERNE est né à Patay (Loiret) en 1838. Œil éveillé, physionomie intéressante, front découvert, cheveux à la hérisson; — c'est un peintre très digne d'attention. Il n'est pas encore inscrit au Panthéon de la peinture, mais il est en route pour y arriver. Charmant homme, au demeurant; un patient, qui sait attendre son heure. Puisse-t-elle sonner pour lui bientôt! En attendant les récompenses, il fait de bons tableaux et il est impossible qu'ils passent plus longtemps inaperçus du jury, quand le public et la critique les voient si bien. Les artistes ont coté Galerne et ont reconnu son talent, ce qui est un grand pas en avant.

Galerne est élève de Durand-Brager et de Rapin. Il exposa pour la première fois en 1870 : son tableau est intitulé *les Bords de la Seine*; il envoya à tous les Salons suivants.

En 1879, il exposa *les Moulineaux* (Seine).

En 1880, *Au Bas-Meudon en été* et *le Bas-Meudon*, charmantes toiles ayant du fini et beaucoup de lumière.

Son exposition de 1881 attira particulièrement l'attention des artistes par son aspect général et le fini de l'exécution. Ce sont : *Bords du Loir à Châteaudun* et *les Bas de saint Jean à Châteaudun*.

En 1882, l'artiste est encore en progrès dans ses tableaux : *A Châteaudun* (Eure-et-Loir) et *le Pont de Saint-Jean à Châteaudun*.

En 1883, il expose *Une falaise à Omonville* (Manche et *Un paysage d'hiver de la vallée d'Omonville*, qui accentuent encore les progrès de cet artiste consciencieux et sincère.

Ressemblance garantie, sauf cet aspect
poseur et méchant que l'original
espère ne pas avoir

FRANCIS TATTEGRAIN

DOCTEUR EN DROIT

RANCIS TATTEGRAIN est né à Péronne (Somme) en 1852. Grand corps un peu efflanqué, tête intelligente avec une barbe longue et blonde. En voilà un qui vient de loin. Issu d'une famille de magistrats, ses parents voulurent qu'il devînt magistrat à son tour. On le bourra de latin, de racines grecques, de fleurs de rhétorique, puis on l'envoya faire son droit. Il dépassa Maignan dans l'étude des codes, car ce peintre n'a que sa licence, tandis que Tattegrain est docteur en droit, ce qui ne l'empêcha nullement, du reste, de faire un autre doctorat dans l'atelier de Jules Lefebvre, de Boulanger, de Le Pic et de Crauck et de préférer le doctorat èspeinture à l'autre. Tattegrain est un lettré, un savant, un homme du monde; mais aujourd'hui il ne s'occupe que des choses de l'art. Dans son charmant hôtel de la rue de Douai, il y a, au milieu de richesses artistiques, de belles études du jeune artiste : ici un magnifique griffon, *Bobo II*, signé Le Pic; là le buste du comte Le Pic, fait par le frère de Tattegrain, sculpteur de talent; là des marines, dont l'une, très originale, a été peinte sur une épave d'un navire qui a péri dans un naufrage. Là en-

core de jolies yoles, des canots construits par Tattegrain, quand il a du temps à perdre, et qui sont de petites merveilles. Partout des filets de pêcheurs, des bottes de marins et les mille choses de la vie maritime.

Tattegrain a débuté, aux Salons de 1875 et 1876, par des eaux-fortes ; il travaille généralement sur les plages du Pas-de-Calais ; il adore les naufrages ; son amour de la mer date de son enfance, sa mauvaise santé ayant exigé des séjours prolongés aux bords de la mer.

Son talent, si fin et si sincère, s'est surtout manifesté depuis 1879, année où il exposa : *Au large, pendant la pêche aux harengs* et *Un coup d'épaule*. En 1880, *Retour de pêche* et *Étude*. L'année suivante : *la Femme aux épaves* et *Portrait de l'auteur*. En 1882, une toile saisissante, *Nos hommes sont perdus*, et *Débarquement de harengs*.

Cette année, il a envoyé *les Deuillants*, tableau très apprécié : un bateau est échoué sur la côte, il est à demi submergé et à l'état d'épave ; quelques matelots rapportent le corps d'un noyé. Au premier plan : deux femmes et un mousse attendent le corps et se sont avancés dans l'eau jusqu'à mi-jambe. Une femme tient la croix des enterrements. C'est une scène touchante, rendue avec talent ; toutes les figures sont intéressantes et d'un dessin très correct. Tattegrain ira loin, bien loin, ses camarades le disent et les maîtres leur donnent raison.

CESARE DETTI

CESARE DETTI est né à Rome en 1848.

C'est un peintre distingué, un aquarelliste très apprécié et avant tout un piocheur doublé d'un érudit, avec cela une jolie figure de Romain, gai et caustique.

L'Italie, l'Angleterre et l'Allemagne s'arrachent les œuvres de Detti, auxquelles le public parisien commence à prendre goût, si nous en jugeons d'après les expositions particulières des divers cercles de Paris où les aquarelles du maître italien ont fait florès.

Detti a envoyé au Salon de 1882 *Henri III reçu par le Doge Muccinigo au palais Foscari.*

Quelle toile animée; le roi de France, dans son costume sévère et élégant, la main gauche appuyée sur la garde de son épée, serre de la droite la main du doge vénitien, superbe dans sa haute stature et dans sa robe de brocart au col d'hermine; des madriers ont été placés là et recouverts d'un riche tapis pour servir de passerelle au Valois qui a quitté sa gondole aux armes de France pour aller saluer le doge de Venise. Une gondole aux armes de Venise est dans l'autre plan.

Quelle richesse de détails! A l'arrière-plan le palais des doges ; à droite, une loggia avec des dames vénitiennes aux belles figures et aux riches atours. Là, un homme d'armes tenant l'oriflamme de la cité de Saint-Marc ; à côté, un timbalier ; à droite, des patriciens, des évêques, des hommes de guerre, puis la suite du roi de France.

Ses principales toiles antérieures sont : *Une fête* (1879); *Un passage difficile* (1881).

ROCHEGROSSE

EORGES-ANTOINE-MARIE ROCHEGROSSE est né à Versailles, le 2 août 1859. Figure un peu féminine, c'est ce que nous appelons un joli garçon ; il est coiffé avec soin, et quand on le voit dans sa robe de chambre propre, on le prendrait vraiment pour quelque jeune monsignor italien, pour peu qu'on puisse être prélat à vingt-quatre ans, qui aurait quitté son surplis de dentelles ; avec cela, il est timide comme une jeune fille et regarde avec de beaux yeux effarouchés, les visiteurs déjà nombreux qui viennent dans son atelier. Sa peinture ne lui ressemble en rien. Loin de lui les fadaises, les mièvreries, les tableautins bien léchés et jolis qui font la joie et les bénéfices des marchands de tableaux. Sa peinture est virile, ce n'est pas impunément qu'on est le beau-fils de Théodore de Banville, on est là à bonne école, on aime la peinture sérieuse et on cherche à devenir quelqu'un.

Rochegrosse est élève de J. Lefebvre et de Boulanger. Il a fait deux fois le concours de Rome et a obtenu plusieurs récompenses à l'École des Beaux-Arts.

Il a fait de nombreuses illustrations dans les *Chefs-d'Œuvre d'art à l'Exposition universelle de 1878*, dans la *Vie moderne*, cette pépinière de jeunes talents, et dans *l'Art et la Mode*. Son dessin est fin et correct et prouve qu'il a été à bonne école.

Il a obtenu une troisième médaille au Salon de 1882 pour son premier tableau *Vitellius traîné dans les rues de Rome par la populace*, acquis par l'État.

Il expose cette année une *Andromaque* qui lui vaudra une nouvelle médaille.

Que les peintres arrivés daignent faire crédit à ce jeune artiste qui débute dans la carrière ! Ils verront qu'il fera honneur à ses maîtres et qu'il gagnera bientôt ses épaulettes dans l'armée de l'art.

ALLONGÉ

uguste Allongé est né à Paris en mars 1833. Ce vaillant peintre et ce maître du fusain est l'une des physionomies les plus sympathiques du monde des arts. C'est un érudit, un lettré et un artiste sincère, et aussi rempli de talent que de modestie. Enfermé dans son atelier de la rue Notre-Dame-des-Champs, il peint et dessine du matin au soir, et, chose prodigieuse, inconcevable, malgré son talent sérieux et vingt-huit années d'exposition, à Paris, il n'a jamais été récompensé. Il y a là un oubli à réparer. Il faut enfin donner à cet artiste la récompense qu'il mérite depuis si longtemps et verser un peu de satisfaction dans le cœur de ce lutteur méconnu et jamais découragé parce qu'il espère toujours. Allons! un bon mouvement, vous les maîtres, pour le maître du fusain et le peintre sincère que vous appréciez certainement!

Il entra à l'École des Beaux-Arts en 1853 et fut médaillé en 1854. Il concourut pour le prix de Rome, de paysage historique, et fut reçu le second en loge. Il exposa, pour la première fois, en 1855, un grand dessin, *la Gorge aux loups*, et ensuite à toutes les expositions, sans en excepter une.

Ses principales œuvres sont : *le Bourg de Crack* (Morbihan), acheté par l'État, au musée de Saint-Quentin ; *la Vue de la ville du Puy en Velay*, acquis par l'État, au musée du Puy ; *la Mer*, acheté par l'État, au musée du Havre (ce tableau a figuré à l'Exposition universelle de 1878); *la Pêche aux écrevisses*, à Méluzien (Yonne) (1879; *Dans la prairie* et *Belle journée d'hiver* (1880); *Marine* (1881); *le Champ Rimbert, près d'Avallon* (Morvan) (1882).

Cette année, une grande toile, *le Ruisseau du Frérot* (Finistère); une aquarelle, *Automne en forêt*, et un fusain, *le Lavoir de la maison du cap. Plougastel.*

Auguste Allongé a reçu, à Paris, une médaille de 1re classe, en 1866, à l'Exposition des Beaux-Arts appliqués à l'industrie; seize médailles or, argent et bronze aux expositions de province, officier d'académie en 1880.

Il s'est fait connaître aussi par les belles publications *le Fusain*, brochure; *Grand cours de fusain en cinquante-quatre planches*, maison Goupil, et le *Cours de fusain gradué en vingt-cinq leçons*, édité luxueusement par la maison Bernard.

ALBERT EDELFELT

LBERT EDELFELT est né à Helsingfors (Finlande) en 1854. Beau garçon, haute stature, taille svelte, fines moustaches. Il y a du suédois et du russe dans cet artiste gentilhomme accompli, instruit et modeste, qui n'a qu'un souci au monde, celui d'arriver à la gloire artistique. Et il est en bon chemin ! Ses camarades l'aiment non seulement à cause de son talent mais aussi pour sa bonne et chaleureuse amitié. Il a laissé en Russie de puissantes, je dirai même d'augustes amitiés.

Il fit d'excellentes études à l'Université d'Helsingfors. Se sentant de la vocation pour la peinture, il abandonna les chances d'une carrière très certaine, vu la situation occupée par sa famille à la Diète de Finlande, et se rendit à Anvers en 1873, entra à cette Académie, obtint en 1874 un prix d'excellence, puis alla ensuite à Paris où il entra à l'atelier de Gérôme.

Depuis, il a exposé chaque année. En 1878, il eut un tableau fort remarqué : *la Reine Blanche*. En 1880, il obtint une médaille de 3ᵉ classe pour son poétique tableau *le Convoi d'un enfant* (Finlande), et le vigoureux *Portrait de M. Kœchlin-Schwartz, maire du VIIIe arrondissement*.

En 1881, il exécuta deux excellentes toiles : *Portrait de Dagnan-Bouveret* et *Chez l'artiste*, qui continuèrent ses succès. L'empereur Alexandre III, alors grand-duc héritier, appela la même année le peintre finlandais à Gatchina et lui commanda les portraits de ses enfants. Edelfelt fit aussi les portraits des enfants du grand-duc Wladimir et divers personnages de l'aristocratie russe. La nostalgie de Paris l'arracha à la société russe qui apprécie énormément et le gentilhomme et son beau talent. En 1882, il expose le *Service divin au bord de la mer* (Finlande), toile admirablement conçue. Au dernier plan, la mer calme, au premier, le pasteur disant les prières en plein air devant une petite table trouvée pour la circonstance. Les fidèles font cercle et écoutent le pasteur, les uns debout, les autres assis sur des quartiers de roche finlandaise. La scène est simple et son caractère grandiose. Il reçut une deuxième médaille. Edelfelt est un excellent coloriste et un peintre sincère, il l'a encore prouvé dans son exposition de la rue de Sèze. Il dessine comme il peint, c'est-à-dire à la perfection. L'impératrice de Russie a acheté son dernier tableau exposé chez Georges Petit.

Cette année il a envoyé un excellent *Portrait de Mme de R...* et *Vieille paysanne finlandaise*.

JULES LEFEBVRE

ules-Joseph Lefebvre est né à Tournan (Seine-et-Marne), le 10 mars 1836. Grand, bel homme, à la figure agréable et extraordinairement sympathique. Il y a chez lui un peu du type irlandais et beaucoup du *yankee* quant à l'activité. Ce peintre éminent est constamment au travail et ce n'est pas du reste en gardant ses bras croisés qu'on arrive à la célébrité artistique. Bienveillant, charmant, de manières avenantes, il est très populaire dans les ateliers, bon et obligeant pour chaque infortune.

A l'âge de seize ans, il vint à Paris, porteur d'une lettre de recommandation de Mgr Salinis, évêque d'Amiens, pour Paulin Guérin, professeur de dessin à l'école de Juilly, qui lui donna un mot pour L. Cogniet qui l'admit dans son atelier avec Charles Sellier et Onslow. Les seules ressources de Lefebvre étaient alors une pension de 1.000 francs que lui donnait la ville d'Amiens et qu'il garda de 1854 à 1859. Il entra en loge quatre fois pour le prix de Rome, trois fois il fut distancé par J.-J. Henner, Ulmann, Ernest Michel; enfin, la quatrième fois, il remporta le grand prix, sujet : *la Mort de Priam,* et il partit en 1861 pour la villa Médicis. Ses envois de Rome furent : *Charité romaine,* au musée de Melun; *Baigneuse; Jeune fille endormie; Nymphe et Bacchus,* au musée du Luxembourg; *Jeune homme peignant un masque tragique,* au musée d'Auxerre. Il reçut sa première médaille en 1865. Ses autres ouvrages jusqu'en 1870, qui lui valurent des médailles en 1868 et 1870 et la même année la croix de la Légion d'honneur, sont : *les Pèlerins au couvent de San Beneditto,* une merveilleuse copie de la fresque d'Andréa del Sarto, *le Cénacle,* salle Melpomène, à l'École des Beaux-Arts, qui lui valut les éloges de Gérôme; *Cornélie mère des Gracques* ; *Sa Sainteté Pie IX à Saint-Pierre de Rome*; le *Portrait de sa sœur,* succès du Salon de 1868 ; *Femme couchée,* toile superbe qui assit sa réputation et dont l'érudit Félix Jahyer a donné une suave description dans la *Galerie contemporaine;* puis *Pascucia,* un *Portrait de femme,* autre *Portrait de femme* et *la Vérité,* succès du Salon de 1870.

Ses œuvres suivantes jusqu'à l'Exposition universelle de 1868, où il remporta une 1re médaille et la croix d'officier de la Légion d'honneur, sont : sa belle *Cigale* « Quand la bise fut venue », — quel corps séduisant ! quelle figure remarquable ! quel coloris ! — *Portrait du Prince impérial*; *Chloé, le Rêve,* ces deux merveilles aujourd'hui en Amérique avec *la Cigale;* puis *Made-*

leine, *Portrait de Léonce Regnaud, la Pandore, Mignon,* collection Vanderbilt.

Jules Lefebvre a peint un grand nombre de portraits. Parmi les plus célèbres, nous citerons ceux de Mme la princesse de Caraman-Chimay, Mlle F. Raimbeaux, Mme Alexandre Dumas fils, vicomtesse de Rainneville, M. Jégou d'Herbeleine pour l'École des Ponts et Chaussées ; une masse d'œuvres gracieuses non exposées : *Une bacchante, la Fille du brigand, Esclave portant des fruits, Baigneuse, Une rieuse, Nymphe chasseresse, Yvonne, Pensierosa, Odalisque au plateau, Graziella, Chapeau rouge.*

En 1879, il donna sa belle *Diane surprise au bain.* Cette toile a été payée 37.500 francs par M. Duncan. En 1880, *Portrait de M. F. Pelpel* et *Portrait de Mme de P. H...* En 1881, *la Fiammetta; Boccace* et *Ondine,* deux toiles pleines de charme. En 1882, *la Fiancée,* appartenant à M. Vanderbilt, et *Portrait de Mlle ****.

Félix Jahyer a défini ainsi Jules Lefebvre : « Artiste
« instruit, d'un goût délicat et sévère, aimant la nature
« dont il a surpris les secrets ; il a sa force suprême
« dans la franchise de l'exécution. Terrassant la diffi-
« culté sans faire sentir l'effort de sa victoire, il va
« droit au but et sait l'atteindre ; c'est un talent sain et
« distingué qui ne fait aucune concession à la mode et
« dédaigne les succès conquis au détriment de la
« vérité. »

PIERRE PUVIS DE CHAVANNES

IERRE PUVIS DE CHAVANNES est né à Lyon, le 14 décembre 1824. Tête puissante, sympathique et agréable. Ce maître et ce chef d'école est d'une affabilité sans pareille, nul n'est aussi abordable que lui et d'une politesse plus exquise. Après avoir passé des heures entières au travail, il trouve encore le temps d'être aimable avec d'ennuyeux visiteurs. Quel érudit et quel poète familiarisé avec tous les classiques !

Élève d'Ary Schæffer et de Couture, il subit pendant longtemps les dédains de la foule, provoqués par les attaques ineptes d'une critique aussi ignorante qu'injuste. Théophile Gautier et Paul de Saint-Victor seuls l'encouragèrent, pressentant ses succès futurs, et il y eut des écrivains assez méchants pour oser demander combien ces articles rapportaient à leurs auteurs. Aujourd'hui que Puvis de Chavannes est arrivé à la célébrité, il ne se souvient même plus de ses détracteurs d'autrefois qui l'encensent aujourd'hui.

L'œuvre de Puvis de Chavannes est immense. Il nous faut la décrire sommairement, notre cadre étant trop étroit. Ses principales œuvres sont : *la Paix et la Guerre* (1061); *le Repos et le Travail* (1863); *la Picardia* (1864). Ces vastes et splendides peintures décorent le musée d'Amiens. *La Dévastation et l'Abondance; une Fileuse et un Moissonneur;* la décoration du grand escalier de l'hôtel de ville de Marseille ; *Marseille, colonie grecque,* et *Marseille, porte de l'Orient* (1869); la décoration de l'hôtel de ville de Poitiers : la *Réception triomphale, par le clergé et les habitants de Poitiers, de Charles Martel vainqueur des Sarrazins, aux portes de la ville* et *Sainte Radegonde, retirée au couvent, donne asile aux poètes et protège les lettres contre la barbarie du temps* (1872).

L'Été (1873), au musée de Chartres; *l'Automne,* au musée de Lyon. En 1870, il remporta des remparts de Paris assiégé, deux superbes dessins : *la Ville de Paris investie confie à l'air son appel à la France* et *Paris serrant contre son cœur la colombe messagère qui apporte la bonne nouvelle.*

La décoration du Panthéon, à laquelle il a consacré plusieurs années, souleva les acclamations de tout le monde des arts et prouva que Puvis de Chavannes est un naturaliste doublé d'un peintre religieux, qui sait concilier l'ampleur du style, l'élévation de la pensée avec un sentiment profond de la nature et l'exactitude du réalisme. Quel poète que ce peintre de la vie pastorale avec ses légendes si douces! *L'Enfant prodigue; Jeunes filles au bord de la mer* (1879); *Jeunes Picards s'exerçant à la lance* (1880); *le Pauvre pêcheur* (1881); *Doux pays* (1882), panneau décoratif ornant aujourd'hui l'hôtel de L. Bonnat.

Puvis de Chavannes reçut une médaille de 2ᵉ classe en 1861; médaille en 1864; médaille de 3ᵉ classe à l'Exposition universelle de 1867; chevalier de la Légion d'honneur la même année; officier en 1877, et il obtint l'année dernière la grande médaille d'honneur du Salon.

Marius Vachon a publié une belle étude sur Puvis de Chavannes dans la *Galerie contemporaine* de Baschet.

ALBERT PASINI

LBERT PASINI est né à Busseto, ancien duché de Parme (Italie). Celui-là est un maître éminent, justement apprécié dans le monde des arts. Figure fine et douce, on le croirait plutôt diplomate que peintre, en le voyant une première fois. Rien de désordonné dans sa personne, comme dans son talent. Tout en lui est calme, pondéré, il ne s'enlève que quand il poursuit la traduction du rêve et qu'il l'a trouvée. Comme tous les grands esprits de l'art, il recherche toujours la représentation nette et claire de ce qu'il voit et jamais son pinceau ne s'est aventuré dans le domaine chimérique des cerveaux mal équilibrés.

Il faudrait un volume pour écrire la vie et décrire les œuvres de ce peintre toujours à l'affût du beau, du vrai et du nouveau et qui est parvenu dans toutes ses œuvres à conserver son originalité. Il n'est pas besoin de lire son nom sur un tableau pour savoir qu'il est de lui. Un Pasini, cela se voit de suite, personne ne s'y trompe ! Pasini est le peintre de l'Orient.

Nous abrégerons la nomenclature des œuvres de Pasini qui ont figuré aux nombreux Salons depuis 1853, première année où il exposa, non comme peintre mais comme lithographe, jusqu'en 1882. Nous nous bornerons à citer les tableaux qui lui ont valu des récompenses en y ajoutant ceux qui furent remarqués aux divers Salons.

Il arriva à Paris à l'âge de vingt ans et fit ses premières armes dans l'atelier d'Eugène Cicéri, le fils du fameux décorateur ; ses premières années ne s'écoulèrent pas sans peines et sans privations, et quoique l'avenir ne lui parut pas très séduisant, il ne montra ni découragement ni faiblesse. Il s'occupait alors de lithographie. Son amour pour la peinture lui fit bientôt quitter le crayon pour le pinceau ; ce fut à cette époque qu'il eut le bonheur de connaître M. P. Bourée qui partait pour la Perse en qualité de ministre de France et qui emmena avec lui le jeune artiste.

Ce voyage, que des raisons tenant à la politique tracèrent de Marseille à Téhéran par le Caire, Suez, la mer Rouge et le golfe Persique, lui permit de voir l'Orient sous ses diverses faces et le séduisit au point que depuis cette époque-là, ce fut le pays de sa prédilection. Depuis, tous ses voyages convergèrent vers ces contrées qu'il parcourut et habita à plusieurs reprises. Constantinople fut pendant des années le but de ses nombreuses pérégrinations. Depuis plusieurs années Venise est devenue le point de mire de ses études, car elle est la clef de l'Orient, et c'est par ce côté-là qu'elle exerce sur lui une puissante fascination.

Voici la liste des récompenses de Pasini : médaille de 3ᵉ classe à l'Exposition de 1859 pour son *Passage d'une caravane à travers les défilés qui séparent la Perse des grandes steppes du Khorassan*. D'autres toiles de moindre importance figuraient à cette même exposition : *Départ pour la chasse dans les plaines d'Ispahan; Campement de pèlerins pour la Mecque aux portes de Djeddah* et quelques dessins. En 1863, il obtint une médaille de 2ᵉ classe avec les magnifiques toiles *le Sinaï* et des *Cavaliers persans ramenant des prisonniers*, et, en 1864, une médaille d'or pour ses tableaux *le Transport de l'artillerie dans les montagnes de Chiras* (sud de la Perse) et *le Pâturage sur la route de Téhéran*. En 1868, il fut nommé chevalier de la Légion d'honneur et en 1878 le jury de l'Exposition universelle lui décerna la grande médaille d'honneur dans la section de peinture italienne et, la même année, il fut promu au grade d'officier de la Légion d'honneur.

A partir de 1868, ses tableaux, qui se firent remarquer aux divers Salons de Paris, furent : *la Porte de Jeni-Djami, les Femmes turques aux eaux-douces d'Asie* (1870); *le Marché du lundi sur la place de la Mosquée de*

Jeni-Djami (1873) ; *Un marché à Constantinople* et *Derviche mendiant à la porte d'une mosquée* (1874); *Promenade dans le jardin du harem* et *l'Entrevue de chefs dans le Libans* (1875). Ces deux tableaux figurèrent aussi à l'Exposition universelle. *Un ordre d'écrou (souvenir d'Orient)* qui est à Moscou (1876); *Un faubourg de Constantinople* et *la Cour d'un conak* (1877). Ces deux tableaux ont figuré à l'Exposition universelle. *Cavaliers circassiens attendant leur chef à la porte d'un monument byzantin* (1880) ; *Halte à la mosquée* (1881).

Telle est l'œuvre du maître qui tient une si grande place dans l'art contemporain. Il a poétisé l'Orient plus fortement encore que les grands poètes qui l'ont chanté.

LOUIS DUMOULIN

ouis Dumoulin est né à Paris, le 18 octobre 1860. Un jeune qui entre dans la vie artistique. Type sympathique, un joli garçon et un tempérament véritable, qui arrivera. Il vous intéresse avec son imagination poétique et ses rêves d'artiste.

Son père, Eugène Dumoulin, artiste peintre distingué, élève d'Ingres, fit tout ce qu'il put pour le dissuader d'entreprendre une carrière dans laquelle il avait trouvé lui-même plus d'épines que de roses, mais ses sages conseils ne purent avoir raison de l'inclination de l'enfant.

De guerre lasse il céda et lui permit d'étudier le dessin sous la direction de Chancel, un ex-collaborateur de H. Flandrin.

Louis Dumoulin n'avait alors que seize ans. Ses progrès, sous l'excellente direction de Chancel, furent rapides. Lié depuis longtemps avec M. H. Gervex, le jeune homme lui demanda également des conseils et fit dans la manière de ce dernier maître son premier envoi au Salon, un paysage de la banlieue : *Bateaux-lavoirs à Levallois-Perret* (1879). Cette toile, d'une jolie coloration et d'une observation fort juste, fut acquise par M. Miriel, professeur de dessin à l'École navale de Brest.

En même temps, le débutant avait envoyé *Un champ de pommes de terre, effet de soleil couchant aux environs de Fontainebleau*, paysage sévère et poétique d'un grand effet.

L'année suivante, Dumoulin exposa *la Ferme du Rocher, à Granville*, paysage représentant un effet de plein soleil, qui fut fort apprécié, et *Un coin de Fontenay-aux-Roses*.

Un triptyque, dont l'admission au Salon fut longuement discutée et causa quelque émoi parmi les artistes de l'an dernier, a été son dernier envoi. Le jury avait décidé, au moment du dernier Salon, de refuser les envois trop considérables, et Dumoulin faillit échouer parce qu'on l'accusait d'avoir dépassé le nombre de toiles réglementaire (deux). Les qualités de son envoi, *la Ville de Morlaix*, l'emportèrent enfin sur les scrupules du jury.

En 1882, le jeune peintre exposa *le Canal Saint-Martin*, toile remarquée.

ÉDOUARD DETAILLE

DOUARD DETAILLE est né à Paris, le 5 octobre 1848. Ce peintre si populaire est aussi un gentleman correct; la taille est élancée et svelte, figure spirituelle, le torse d'un brillant officier de cavalerie; aménité, politesse, éducation et talent. Il a tout pour lui et avec cela un cœur chaud et généreux. Quand une infortune a besoin d'être secourue, Detaille arrive aussitôt et quitte sa palette et ses pinceaux pour aller consoler d'une manière efficace un peintre malheureux éprouvé par les rigueurs du sort.

Après avoir terminé brillamment ses études au lycée Bonaparte, à l'âge de dix-sept ans, il montra quelques-uns de ses dessins à Meissonier, il entra dans l'atelier de ce maître qui, ayant reconnu ses aptitudes étonnantes, s'attacha à le former.

Son premier tableau, *l'Intérieur de l'atelier de M. Meissonier*, fut exposé en 1867. L'hiver suivant il accompagna son cher maître dans un voyage sur le littoral de la Méditerranée et exécuta *les Cuirassiers ferrant leurs chevaux sur la route d'Antibes*. Puis vint la *Halte de tambours* (1868), tableau apprécié pour son arrangement et son coloris. *Le Repos pendant la manœuvre* (1869) assit sa notoriété. Le succès vint à lui et il exécuta tour à tour : *Une lecture de journaux dans un jardin public; le Plan de campagne*, rien du plan du général Trochu ; *Un coin de café;* des *Incroyables ; un Général aux avant-postes* ; des *Cuirassiers à l'ordonnance de 1797. Le Combat entre les Cosaques et les gardes d'honneur* (1814) fut remarqué au Salon de 1870.

1870, date terrible! Detaille, de retour d'Algérie, entre comme simple mobile dans le 8ᵉ bataillon de la Seine, se bat à Champigny et rapporte les croquis de deux aquarelles : *Saxons fauchés par une mitrailleuse* et *Un convoi d'ambulanciers sur le plateau de Bry-sur-Marne.*

Qui n'a souvenir de ses belles toiles, *le Salut aux blessés, le Régiment qui passe, les Vainqueurs* avec leurs files de charrettes emportant les objets volés en France, qu'on n'admit pas au Salon pour ne pas irriter la susceptibilité de l'ambassadeur d'Allemagne? *En retraite* (1873), qui valut à Detaille la croix de la Légion d'honneur ; *les Cuirassiers de Morsbroon* (1874); *Une surprise dans un château; la Défense du hangar; Officiers en observation; Officiers interrogeant des prisonniers* (1874); *En reconnaissance: Champigny, décembre 1870;* Dé-

fense de Champigny par la division Faron (Salon de 1879); *la Distribution des drapeaux* (1881). Detaille a fait depuis, en collaboration avec de Neuville, son beau panorama que tout Paris intelligent connaît et il en termine un autre destiné à Vienne.

Faisant un parallèle entre le talent de Detaille et celui de Neuville, notre ami G. Gœtschy de la *Vie moderne* s'exprime ainsi : « De Neuville est un poète, un
« raconteur de batailles émouvant et tragique ; il
« anime et dramatise tout ce qu'il touche. Detaille est
« un observateur et un philosophe qui analyse le fait
« et cherche à en tirer l'enseignement utile. Chez de
« Neuville, l'exécution sera toujours emportée, vio-
« lente et, s'il le faut, furibonde ; chez Detaille, au con-
« traire, l'exécution est calme, sincère, précise, rien de
« plus. Ne demandez pas à Detaille de vous conter
« quelque *grand fait militaire* connu ; certes, il a
« tout le talent qu'il faut pour le bien dépeindre, mais
« il préférera représenter un fait de la *vie militaire*. »
Nous ajouterons que Detaille et de Neuville en collaboration se complètent l'un l'autre et que pour faire l'histoire de la guerre de 1870, il faut aussi raconter l'histoire du troupier de cette époque.

AIMÉ DESCHAMPS

IMÉ Deschamps est né à Genève en 1834, de parents français. Il est élève de Gleyre. Physionomie intéressante, c'est un modeste, marqué au cachet de la tristesse; mais il y a quelqu'un là-dessous, ceux qui le connaissent le savent bien et ceux qui ont vu ses œuvres le considèrent comme un oublié digne d'un meilleur sort, car son talent mérite l'attention.

Il a abordé tous les genres, son pinceau a toujours été à la hauteur du sujet conçu.

Ses principales œuvres sont un beau *Paysage* en 1868; *Animaux* (1869); une *Nature morte* (1870); *Intérieur de cuisine* (1875); *Fleurs et fruits* (1876); *Un marmiton* (1877); *Retour du marché* (1878); *Nature morte et Fruits* (1879). Il envoya trois tableaux à l'Exposition universelle de 1878, dont l'un, *Sous-sol de restaurant*, fut acheté pour la Loterie nationale.

Cette année, il expose le *Portrait de M. Orsatti*, qui est une œuvre très intéressante.

ÉMILE FRIANT

MILE FRIANT est né à Dieuze (Alsace-Lorraine), le 16 avril 1863 : total, vingt ans ; mais ayant grande envie de devenir quelqu'un, il travaille courageusement, ce brave enfant de l'Alsace, qui, pour éviter d'être incorporé un jour dans les rangs des oppresseurs de sa patrie, est allé s'établir à Nancy, au moment de l'annexion, après avoir opté pour le drapeau tricolore. Ce jeune est très sympathique.

Il a commencé la peinture sous la direction de Devilly. Pensionné par la ville de Nancy et le département de Meurthe-et-Moselle pour aller étudier à l'École des Beaux-Arts, à Paris, il est entré à l'atelier de Cabanel.

Il a exposé, en 1882, *Un enfant prodigue* et *Un intérieur d'atelier* dont l'un a obtenu une mention honorable et a été acheté par l'État. Espérons que ce premier succès sera suivi de beaucoup d'autres.

ALBERT MAIGNAN

LICENCIÉ EN DROIT

A LBERT MAIGNAN est né à Beaumont (Sarthe), le 14 octobre 1845. Ce peintre brillant, à la tête caractéristique, est un savant doublé d'un juriconsulte. Avant de tenir le pinceau, il méditait sur le droit romain et autres livres de jurisprudence, moins intéressants les uns que les autres, puis il quittait Thémis et Cicéron pour aller faire un tour en amateur à l'atelier de Jules Noël. A force de passer de la jurisprudence à la peinture et vice versa, il finit, un beau matin, par jeter sa toge d'avocat stagiaire à la tête de dame Justice, pour s'adonner définitivement à l'étude de la peinture. Le père du jurisconsulte en rupture de codes ne fut pas satisfait d'abord, au lieu d'un magistrat, il allait compter dans sa famille un peintre. On me dit que depuis, M. Maignan père a changé d'avis et qu'il n'est pas mécontent de son fils.

Albert Maignan expose depuis 1867. En sortant de l'atelier Noël, il étudia sous la direction de Luminais, et depuis 1873 il marcha de succès en succès. Chacune de ses étapes est marquée par une victoire et il est aujourd'hui non seulement un excellent peintre, mais encore l'un des artistes le mieux doués pour la grande décoration. Ici *Frédéric Barberousse;* là *le Christ des affligés, l'Éducation du dernier roi de Grenade, le Favori de la veille,* compositions des plus remarquables et qui donnèrent rang à l'artiste.

En 1874, il expose le *Départ de la flotte normande pour la conquête de l'Angleterre,* qui lui fit décerner une médaille de 3ᵉ classe. En 1875, il envoie au Salon : *l'Insulte aux prisonniers* et le *Portrait de Mme G. D....* En 1876, *Frédéric Barberousse aux pieds du Pape,* qui lui valut une médaille de 2ᵉ classe ; *l'Attentat d'Anagni* (1877); *Louis IX consolant un lépreux, l'Amiral Carlo Zeno* (1878); *le Christ appelle à lui les affligés* (1879), qui reçut une médaille de 1ʳᵉ classe : en 1880, *Derniers moments de Clodobert* et *Renaud de Bourgogne,* belles pages d'histoire. Le Salon de 1881 fut pour le jeune maître un succès nouveau avec *le Dante rencontre Matilda.* « .... Elle allait choisissant des fleurs parmi celles dont toute sa route était émaillée. » Toile du plus pur romantisme et qui émotionna tous ceux qui connaissent l'admirable chant du poète de l'Italie.

En 1882, il exposa deux toiles admirables de sentiment : *la Répudiée* et *le Sommeil de Fra Angelico.* Son exposition de 1883 est très remarquable.

Paul Mantz, qui ne prodigue pas l'encens aux artistes, n'a jamais caché la haute estime qu'il a pour le talent de Maignan, et c'est de toute justice comme on dit au Palais.

CHARLES BUSSON

harles Busson est né à Montoire (Loir-et-Cher), le 15 juillet 1822. Stature imposante, figure fine, yeux rêveurs, homme distingué, instruit et d'une politesse exquise. Ce peintre de talent n'aime pas qu'on parle de lui.

Élève de Rémond et de Français, il fit, croyons-nous, ses débuts au Salon de 1845.

Ses œuvres principales sont : *le Gué aux environs de Montoire* (1857); *la Chasse aux marais dans le Berry* (1865); *le Retour du garde-chasse* (1867); *le Taillis; le Soleil couché* (1868); *Ruines du château de Lavardin* (1869); *Chaussée de l'étang de la mer Rouge* (1870); *Un matin à Venise* et *Venise le soir* (1872); *Parc du château de Sainte-Claire* (1873); *Anciens fossés du château de Lavardin* (1874); *Après la pluie* (1875); *Avant l'orage* (1876); *le Village de Lavardin* (1877); puis ces tableaux si remarquables : *Ancien déversoir, près de Montoire* (1879); *l'Abreuvoir du vieux pont du château de Lavardin* (1880);

Bois de Saint-Martin, près de Montoire (1881); *Prazay, près Montoire* (1882); etc.

Charles Busson est un véritable peintre; il poursuit dans le paysage l'impression poétique et pathétique; il est respectueux pour la vérité, sincère. Sa touche est aussi large que franche, sa composition et son coloris sont toujours savants.

Charles Busson a reçu une troisième médaille en 1855 (Exposition universelle), des rappels de médaille en 1857, 1859 et 1863; il a été nommé chevalier de la Légion d'honneur en 1866; a obtenu une médaille de 3ᵉ classe à l'Exposition universelle de 1867, et de 1ʳᵉ classe à l'Exposition universelle de 1878.

ÉMILE LÉVY

MILE Lévy est né à Paris, le 29 août 1826. Beau type oriental dans toute sa pureté, regard doux et profond, taille imposante ; cette tête d'ascète est encadrée par une chevelure et une barbe aux tons demi-argentés. Ce maître est doublé d'un érudit à l'âme poétique. Comme ses yeux s'allument quand il parle de l'art ! Quelle affabilité dans toute sa personne ! Ah ! tas de matérialistes éhontés, qui avez vu mon livre fermé devant vous, vous tous adorateurs des faux dieux de l'impressionisme, allez donc un peu étudier ce maître aussi robuste que délicat ! Il vous charmera, il vous empoignera par sa grandeur. Les doctrines matérialistes n'ont pas prise sur ce maître éminent, à l'esprit si élevé, la forme puissante et gracieuse en même temps, qui n'a jamais eu d'autre objectif que la recherche du beau et du vrai.

Émile Lévy, après avoir fait de fortes études classi-

ques, suivit l'École des Beaux-Arts comme élève d'Abel, de Pujol et de Picot, et remporta le prix de Rome en 1854, concuremment avec Giacomotti et Maillot, sur ce sujet : *Abraham et les trois anges.* Son premier envoi fut *la Poésie,* de Raphaël, copie qui lui valut un succès, puis *Ruth et Noémi, Noé maudissant Cham,* actuellement au musée d'Aurillac ; nous avons omis *la Célébration de la fête des tabernacles chez les israélites au moyen âge,* qui a, pensons-nous, une date antérieure aux toiles précédentes. Il exécuta encore avant son départ pour Rome deux panneaux décoratifs : *la Musique sacrée* et *la Musique profane.* Son dernier envoi de Rome fut *le Repas libre des Martyrs* (1859), médaillé, qui est au musée d'Amiens.

A son retour de Rome, il décora l'hôtel Furtado *(le Voyage de Vénus, la Poésie et les arts qui en dépendent, les Quatre Ages de l'homme* et *les Quatre Saisons.* En 1860, il exécuta au ministère d'État une coupole en camaïeu, *les Astres, le Soleil couchant* et *le Lever de la lune;* dans les voussures, *les Quatre Éléments.* En 1861, *Présentation de Psyché aux dieux assemblés,* pour l'hôtel Say, et *la Rentrée des foins ;* en 1862, *la Paix entre deux nations;* en 1863, le plafond des Bouffes-Parisiens : *la Danse, le Chant, la Musique, la Comédie ;* au Salon : *Vercingétorix se rendant à César, Vénus ceignant sa ceinture, la Prière aux champs.* En 1864, il fut médaillé pour son *Idylle,* enfants à la vasque, musée de Laon ; il exécuta pour le Grand-Café, *la Ville de Paris accueillant tous les peuples.*

Ses autres œuvres sont : *le Gué, l'Arc-en-ciel et le Printemps, Hésitation ; Scène des champs,* au musée de Nantes ; *l'Orage, l'Archer, le Sentier, le Vertige, Pannychis,* toiles aussi gracieuses qu'harmonieusement exécutées ; le *Portrait de Mme de Courcy ; la Mort d'Orphée,* au musée du Luxembourg, toile remarquable (1866) ; *l'Amour des écus* (1867), actuellement au musée du Havre et qui valut à son auteur une médaille et la croix de la Légion d'honneur ; *Apollon et Midas, l'Amour et la Folie, la Lettre, Jeune fille portant des fruits, le Ruisseau et le Saule, Baigneuse, la Marchande de fleurs,* cet admirable *Meta sudans,* fontaines des lutteurs romains (1877) ; *Caligula* (1878) ; *les Jeunes époux* (1879) ; deux portraits : Mmes E. de L... et Mme M... (1880) ; cette toile remarquable *Jeune mère allaitant son enfant* et *Portrait de M. L. J. David,* les *Portraits de Barbey d'Aurevilly* et *D. Jouaust ; Histoire du mariage,* destiné à la mairie du VIIe arrondissement ; les *Portraits* du docteur Pidoux, Caraffa, le comte Viel-Castel, Alphonse Lamy, Aristide Appert, Robert (de Sèvres).

Quel homme et quelle longue suite d'œuvres merveilleuses !

Mme Émile Lévy, la charmante épouse du peintre, est un écrivain de talent, qui voit juste, est douée d'un cerveau de romancier remarquable, « possédant un

tempérament d'homme avec une exaltation de femme »,
comme l'a dépeinte notre confrère Guy de Maupassant.
Son premier ouvrage est intitulé *les Récits de la Luçotte*
(chez Calmann-Lévy) ; le second, publié chez Havard, est
intitulé *l'Idiot*. Mme Émile Lévy a donné cette année deux nouvelles au *Temps* : *la Quenouillée* et *la Cravache*, cinq nouvelles dans la *Nouvelle Revue* et trois dans le *XXe Siècle*. Tout cela est fini, spirituel, bien observé. Mme E. Lévy écrit sous le pseudonyme de *Paria Korigan*. Pourquoi *Paria* et pourquoi Korigan ? — Allons, cher confrère, signez dorénavant de votre nom glorieux, celui d'Émile Lévy, votre grand peintre de mari !

FÉLIX DE VUILLEFROY

OMINIQUE-FÉLIX DE VUILLEFROY est né à Paris en 1841. Belle prestance, figure fine et sympathique. Çà et là quelques traces de l'étude qui fait grisonner avant le temps. Gentilhomme accompli; grande bonté; passionné pour tous les arts, notamment la musique qu'il aime autant que la peinture. Grand chimiste, il passerait des nuits entières à pulvériser des pierres pour en extraire des métaux. Le jour qu'il fut décoré, il était d'une tristesse accablante et disait modestement à ses amis : « N'a-t-on pas lésé un des nôtres plus méritant, pour me récompenser à sa place ? » Tel est le cœur de ce peintre.

Il commença de bonne heure à dessiner, mais sa famille, qui le destinait à la carrière administrative, exigea qu'il fît son droit et le fit entrer plus tard comme auditeur au Conseil d'État. Il s'occupa peu du Conseil d'État et ne pensa qu'à peindre d'après nature ; il entra même, dans l'entre-temps, dans une académie tenue par un vieux modèle appelé Suisse. Il était, à cette époque, sous l'influence exclusive de l'école naturaliste, laquelle avait pour principe qu'on devait travailler seul et sans maître, sous peine de perdre toutes les qualités dont on pouvait être doué par la nature. Toutefois il ne tarda pas à reconnaître le tort considérable que faisait à ses confrères de l'*école naturaliste*, devenue plus tard *l'école impressioniste*, le manque d'une éducation première un peu solide. Il quitta donc brusquement l'académie Suisse pour suivre l'atelier d'Hébert qui, peu de temps après son arrivée, passa sous la direction de Bonnat. C'est à cette époque qu'il renonça à la carrière administrative.

En 1867, il débuta au Salon par une marine, *Côte de Grâce à Honfleur*; l'année suivante il exposa des animaux : *Chevreuils sur la neige*, des *Cerfs dans la forêt de Fontainebleau*; en 1869, des *Espagnols à cheval, sur les bords du Tage; Attelage de bœufs à Saint-Jean-de-Luz*. En 1870, des *Femmes rapportant des fagots dans la forêt de Fontainebleau*, tableau de figure très important, qui eut du succès et remporta une médaille. En 1872, *Novembre, forêt de Fontainebleau; le Commencement du fagot; les Grands chênes de la Reine-Blanche, à Fontainebleau* (1873); *Meule dans la plaine de Chailly; l'Herbage* (1874). En 1875, *la Rue d'Allemagne, à la Vilette :* un troupeau de bœufs passe dans cette rue, et un *Franc-Marché en Picardie*. Il obtint un succès véritable, remporta une deuxième médaille et fut mis hors concours.

Ses œuvres suivantes sont : *la Traite des vaches dans le Cantal, la Place du Marché à Montferrand* (1876) ; *Souvenir du Morvan* (1877) ; *Taureaux et génisses, Un mauvais temps sur les falaises de Dieppe* (1878) ; *Vaches dans l'Oberland* (1879) ; *le Retour du troupeau, Chiens et piqueurs* (1880) ; *l'Abreuvoir, Chevaux dans une mare* (1881) ; *Sur le champ de foire, Lande bretonne* (1882).

Félix de Vuillefroy est chevalier de la Légion d'honneur depuis 1880. C'est l'un des meilleurs peintres d'animaux de notre époque. Il est plus sincère que Van Marcke qui fait du métier, tandis que de Vuillefroy aime la nature virginale.

Il a fait partie du jury de peinture comme supplémentaire d'abord et comme titulaire ensuite au Salon de 1880. En 1881, M. Turquet, sous-secrétaire d'État aux Beaux-Arts, ayant cru devoir laisser aux artistes le soin de gérer leurs affaires et d'organiser leur Salon annuel, un Comité d'organisation fut nommé par eux au suffrage universel. Félix de Vuillefroy fut élu membre de ce Comité, il a fait partie de son bureau et a pris une part très active à l'organisation des Salons libres. Depuis cette époque, il a toujours été réélu membre du Comité des artistes, de leur Conseil d'administration et du Jury de peinture.

ÉDOUARD DUBUFE

ÉDOUARD DUBUFE est né à Paris, le 30 mars 1820. Le portrait que nous donnons est d'après Bonnat et a été dessiné pour nous par un jeune artiste, Rosset-Granger, ami des deux Dubufe et dont on entendra sûrement parler un jour. Hélas! Édouard Dubufe n'est plus ce fier artiste, ce vaillant, tout en lui est changé, une terrible maladie de cœur l'a frappé en février 1830. Voici de longs mois qu'il assiste à sa propre chute, ce qui est bien la plus triste fin d'un pauvre et grand artiste. Si la maladie aujourd'hui a presque vaincu sa robuste santé, du moins ses amis peuvent dire qu'ils le laissent entouré d'un souvenir affectueux, comme il laissera demain la mémoire d'un brave homme et d'un charmant talent.

Édouard Dubufe est fils de Claude-Marie Dubufe, il débuta au Salon de 1839 par une *Chasseresse* et une *Annonciation* acquise par l'État pour l'église d'Aire, et il obtint une médaille de 3e classe à l'âge de dix-neuf ans.

En 1840, il expose le *Miracle des Roses*, sujet tiré de la vie de sainte Élisabeth de Hongrie. Ce tableau, qui reçut une médaille de 2e classe, se trouve chez le baron Seillière.

De 1841 à 1845, il donne une composition tirée de la vie de Tobie, musée de Lisieux; *la Foi, l'Espérance et la Charité; Bethsabée* et *la Prière du matin*, qui remporta une médaille de 1re classe et se trouve au musée du Luxembourg.

Il exécuta ensuite *le Sermon sur la Montagne; l'Entrée de Jésus-Christ à Jérusalem; Jésus au mont des Oliviers; la Multiplication des pains; le Prisonnier de Chillon; l'Enlèvement de Clarisse Harlowe* (galerie de l'Empereur Nicolas); *Clarisse Harlowe en prison*, acheté par le comte d'Orsay.

En 1848, il se rendit à Londres où il peignit ses premiers portraits : *le Roi Louis-Philippe, la Reine Marie-Amélie*, ceux de plusieurs Anglais de distinction, de *Rachel*, la grande tragédienne.

En 1851, il revint à Paris, puis se rendit en Italie et eut le plaisir de peindre depuis, les plus jolies femmes de l'Europe. *Portrait de l'Impératrice Eugénie* (1853); de *l'Empereur Napoléon III* (1854), et *le Denier de la veuve*, même année.

De 1854 à 1870, les *Portraits* de Mmes John Munroë, de Montebello, princesse Czartoryska, du général Melnikoff, du comte Andrassy, marquise de Talhouët; un second *Portrait de l'Impératrice; la Prière des paysans en Angleterre;* les *Portraits* de Mmes Hope et Rouher; *le Congrès de Paris en 1856;* Rosa Bonheur, princesse Joussoupoff, comtesse Andrassy, princesse Troubetzkoï, comtesse Tolstoï, princesse Mathilde, duchesse de Medina-Cœli, marquise de Galliffet, comtesse de Gavay, le Prince impérial; *Dessus de portes* pour la baronne de Rothschild, à Boulogne, où sont les portraits des membres de sa famille; *Dessus de portes* aux Tuileries, représentant les gracieuses dames d'honneur de l'Impératrice.

En 1865, il fait une *Étude de femme nue, le Sommeil, l'Enfant prodigue* (1867), cette toile si grande et si magistralement traitée; puis ces admirables *Portraits*: Gounod, Robert-Fleury, Paul Demidoff, Mosselmann, Lefuel, comte de Nieuwerkerke.

De 1870 à 1876, il exécuta sa *Medjé*, ravissante figure orientale; *Tumar; le Café; Une jeune Arménienne portant un plateau; Fantaisie;* Alexandre Dumas fils, Harpignies, Émile Augier, Mmes Derby, Welles, Milbauk, comtesse de Versinville.

Chevalier de la Légion d'honneur depuis 1853, E. Dubufe reçut ensuite une médaille de 2e classe en 1855, fut nommé officier en 1869 et obtint une médaille de 2e classe à l'Exposition universelle de 1878.

Son fils Guillaume continue cette glorieuse dynastie d'artistes.

FÉLIX-AUGUSTE-CLÉMENT

élix-Auguste Clément est né à Donzère (Drôme), le 20 mai 1826. Ce peintre d'histoire est un artiste vigoureux qui s'est laissé tromper aux mirages égyptiens et s'est usé la santé avec un interminable procès qu'il a intenté à Halim-Pacha, oncle du khédive, tout en se ruinant à soutenir ses droits contre la perfidie et la mauvaise foi orientales. L'Institut de France *in corpore* a pétitionné auprès du président de la République en faveur du peintre pour recommander sa cause. Cette pétition signée Gérôme, Guillaume, Cabanel, Bouguereau, Hébert, Baudry, etc., établit le *critérium* de la valeur du peintre. Nous lisons ceci : « Homme de cœur, artiste de talent, Français à tous les points de vue recommandable. » A-t-il obtenu justice depuis ?

Il entra à l'École des Beaux-Arts de Lyon en 1843 et à celle de Paris en 1848. Il fut élève de Drolling et de Picot. Prix de Rome en 1856 avec le *Retour du jeune*

Tobie. Il envoya de Rome : *Un enfant qui trace sur un mur la silhouette de son âne* et *la Sieste*, une étude de femme couchée ; *le Dénicheur* ou l'enfant donnant la becquée à des merles près d'un champ de blé, charmant tableau. En 1861, il envoya une copie d'une fresque de Raphaël, copie acquise par le gouvernement et placée au palais des Beaux-Arts à Paris. Son quatrième envoi fut un grand dessin d'après la fresque de Daniel de Volterre *la Mort de César*, « *Tu quoque, Brutus !* »

En 1861 il obtint au Salon, pour *la Sieste* et *le Dénicheur*, une troisième médaille ; une médaille au Salon de 1867, pour peinture d'histoire ; une médaille d'honneur en 1868 aux expositions universelles de Londres (1872) et de Vienne (1873).

En quittant la villa de Médicis, Clément partit pour l'Égypte. Voici ses principaux tableaux : *Idylle; Bacchanale*, appartient au prince Demidoff ; tryptique : *Chasse à la gazelle*, *Départ pour la chasse à la gazelle, le Repas des faucons; la Fanfare dans les déserts de Gatha; Une fellah; Abraham lavant les pieds des anges; le Chariot égyptien,* scène de mœurs arabes, au musée du Luxembourg ; *Abyssinienne; Femme arabe pleurant sur la tombe de son mari,* effet de lune, au musée de Lyon ; *la Danse arabe; Marchandes d'eau et d'oranges sur la route d'Héliopolis au Caire,* au musée de Nice ; *Fellah au bord du Nil,* musée de Christiania (Suède) ; *Épisode de la guerre de 1870,* marche des mobiles de l'Eure, de l'Ardèche, de la Loire-Inférieure dans la plaine de Bernay, se dirigeant sur le château de Robert-le-Diable : effet de neige.

Clément reproduisit les cinq fresques de Mantegna dans l'église de Padoue ; *Enfant malade* ; en 1879 ; *Portrait de M. Liouville, Circassienne au harem* (1880) : « Dudu semblait une espèce de Vénus dormeuse, néanmoins très propre à tuer le sommeil de ceux qui contemplaient le teint clair de ses joues, son front athénien et son nez digne de Phidias » ; *le Matin* et *Portrait de Mme **** (1881). Toute la presse s'est occupée de Clément qui a été fort loué par Théophile Gautier, Paul de Saint-Victor. Clément, qui est un peintre de talent, a gaspillé et son temps et son argent pour se rendre en Égypte ; il a aussi gaspillé un certain stock de lauriers artistiques. Son odyssée égyptienne doit servir d'exemple aux jeunes qui seraient tentés de se rendre dans les pays exotiques et qui apprendraient à leurs dépens que « pierre qui roule n'amasse pas mousse ». Cette année, il a donné une admirable toile : *Nymphes surprises*. Nous félicitons Clément de nous être revenu définitivement.

PAUL ROUFFIO

ouffio appartient à cette brillante pléiade de jeunes peintres sortis de l'atelier Cabanel, à qui nous devons Bastien-Lepage, Benjamin Constant, Courtat, Henri Lévy, R. Collin, etc., etc. Après avoir exposé en 1869, 1872 et 1873, il se fit remarquer en 1874 par un *Samson et Dalila,* grande toile encore empreinte de l'esprit de l'école, mais où l'on pouvait pressentir un peintre ingénieux et original.

En 1876, une figure nue, *Circé*, obtint au Salon un très grand et légitime succès. Le jury se montra parcimonieux à l'égard du jeune peintre en n'attribuant qu'une mention honorable à cette belle toile que des qualités de premier ordre désignaient à son attention. Depuis cette époque, chaque exposition marqua un nouveau succès pour Rouffio.

Il exposa, en 1877, *la Vérité,* belle figure d'un style sévère et châtié, et Mlle *la Neige*, aimable fantaisie, dont l'arrangement piquant et l'agréable exécution lui attirèrent les suffrages du public.

En 1879, Rouffio nous donna *le Trio des masques*, tableau très admiré, traduction saisissante de la sublime musique du *Don Juan* de Mozart ! L'année suivante, le jury décerna une médaille à Rouffio pour sa *Comédie*. La même année, une gracieuse figure, *Olympe*, fut très admirée des connaisseurs.

En 1881, Rouffio envoya au Salon *le Café venant au secours de la Muse*.

En 1882, il donna une figure nue intitulée *l'Heure du bain*, charmante baigneuse entourée de riches accessoires Louis XV, qui se présente de dos. Avant de se plonger dans l'eau parfumée, elle jette un coup d'œil à son miroir et paraît fort satisfaite de son examen. En 1883, *Lettre du fiancé* et *le Fond de la coupe*.

Paul Rouffio est un travailleur acharné, un méditatif, un rêveur qui ne trouve aucun plaisir en dehors de son art. Levé dès l'aube, il travaille jusqu'au soir dans son charmant atelier du 35, boulevard Rochechouart, où il voisine avec Pille et Hagborg.

PIERRE-PETIT GÉRARD

IERRE Petit-Gérard est né, le 18 novembre 1852, à Strasbourg où il fit ses études. Artiste de vocation et travailleur intrépide, Petit-Gérard n'a que deux rêves : la conquête de la célébrité et la délivrance de l'Alsace. Ils sont tous comme cela dans le camp des braves enfants de l'Alsace et de la Lorraine.

Il entra dès l'âge de seize ans dans les ateliers de peinture sur verre de son père Baptiste Petit-Gérard, l'habile peintre verrier, auteur des magnifiques verrières de la cathédrale de Strasbourg. Pas un village de quelque importance, en Alsace, en Lorraine ou dans les Vosges, qui ne possède des œuvres de cet artiste, œuvre auxquelles a collaboré son fils. Il a malheureusement été enlevé trop tôt à l'affection des siens et à l'art verrier auquel il a donné un nouvel essor. Ses restaurations surtout l'ont mis au premier plan.

Petit-Gérard, au cri de la patrie en danger, quitta l'atelier et s'engagea à dix-sept ans dans un bataillon de chasseurs à pied ; il fit toute la campagne de la première armée de la Loire.

Renvoyé dans ses foyers à la signature de la paix, il put recueillir le dernier souffle de son père qui mourut épuisé des fatigues et des émotions du siège de Strasbourg. Il dirigea pendant quelque temps l'atelier de son père, puis, pris d'un goût irrésistible pour la peinture, il partit pour Paris après avoir opté pour la nationalité française. Il entra à l'atelier de Gérôme.

Il exposa, en 1879, *deux portraits;* en 1880, *Chez le Fripier* et *Un fumeur;* en 1881, *Un café à Strasbourg,* toile très intéressante ; en 1882, *Chez le costumier* et *l'Ordre de départ* qui furent remarqués. Il a envoyé cette année *le Départ pour le service en campagne,* tableau militaire, très réussi et d'un excellent effet.

HENRY DUPRAY

Louis-Henry Dupray est né à Sedan, le 3 novembre 1841. Le peintre de la vie militaire est un grand beau garçon, au profil aristocratique, ses moustaches et ses petits favoris le [font] ressembler à un de ces jeunes et magnifiques [co]ls que Géricault en a laissés au Louvre. Un [jour, éta]nt dans la forêt de Montmorency, il fit [un]e chute épouvantable ; il lui en est [resté une] claudication et l'interdiction de la [carriè]re qui aurait tant souri à ce vigoureux [garçon] et aurait tant fait plaisir à son grand-[père, vieu]x de la vieille, qui ne rêvait que gloire militaire [pour] son cher Henry et lui avait appris une foule de choses du métier, y compris *la charge en douze temps*. Le pauvre grand père s'est consolé depuis, quand il apprit les succès de son Henry et que surtout il les devait à la peinture militaire. Mille millions de cartouches, mon petit, disait-il, ne vas pas au moins peindre des pékins, vois-tu, le soldat, il n'y a que ça ! C'est le *vieux de la vieille* qui fit au peintre ses premières collections d'armes et d'uniformes, et ce musée a bien augmenté depuis.

Dupray fit ses études à Sainte-Barbe, puis il entra à l'atelier de Cogniet et dans celui de Pils. Il exposa première fois, en 1865, un superbe *Cuirassier*, r s'abstint jusqu'en 1870 d'envoyer au Salon voulait aborder qu'avec une œuvre véri *Maréchal Ney à Waterloo* le mit en évide *Grand'Garde aux environs de Paris* (187z, ner une deuxième médaille et eut un grand su 1874, il exposa *l'Amiral La Roncière Le Nourry aux av postes du Bourget*, page mouvementée de l'histoire de 1870, exacte et merveilleusement rendue. Cette toile fut médaillée. En 1876, *le Poste du marché à Saint-Denis* avec ses petits troupiers, tableau si animé, et *Un régiment de hussards en marche dépassant les convois pour se porter en avant*, qui valut à son auteur les éloges unanimes de la critique et de notre ami Paul de Saint-Victor, qui vint tout flammes à la *Liberté* pour nous dire : « La guerre de 1870 nous a été bien douloureuse, mais elle nous a valu trois peintres militaires, la trinité de Neuville, H. Dupray, Detaille ! » En 1877, il exposa *Grandes manœuvres d'automne* et *Artillerie légère allant prendre position*, toiles traitées avec beaucoup de vigueur. En 1878, *l'Arrivée à l'étape* et *le Capitaliste*,

ces toiles ravissantes qui émeuvent par leur esprit de vérité et de simplicité. Un pioupiou consulte les profondeurs de son porte-monnaie pour voir s'il a encore de quoi régaler les beaux hommes qui l'entourent et dont l'un, un grand diable de cuirassier, consulte les mêmes profondeurs en supputant le nombre de petits verres qu'on pourra boire encore au compte de ce serin de Beaumanet à l'aspect provincial. En 1880, *le Cheval déterré*. Depuis, comme Detaille et de Neuville, Dupray a sacrifié au goût du jour, au panorama, et a préparé des toiles importantes.

Dupray est chevalier de la Légion d'honneur depuis 1878. Il excelle à peindre les chevaux et les diverses postures du cavalier, et s'il n'a pas produit encore des toiles aussi mouvementées que celles de Gros, Vernet, Bellangé, Pils, Yvon, etc., il faut se rappeler que le peintre n'a que quarante et un ans et qu'il a de la marge devant lui.

Cette année, Dupray a exposé *l Ddépart du quartier-général après déjeuner; grandes manœuvres d'automne*. Cette toile est une merveille d'observation et de vérité et elle a fait sensation au Salon.

HUGO SALMSON

MEMBRE DE L'ACADÉMIE DES BEAUX-ARTS DE STOCKHOLM

ugo Salmson est né à Stockholm en 1843. Tête expressive sur laquelle la lutte et l'étude ont imprimé une certaine froideur. Ce masque à la pâleur aristocratique, s'anime cependant quand il est en face d'une œuvre véritable ; pour ce qui ne concerne pas l'art, scepticisme et glace. Salmson est un silencieux, même au milieu des joyeux peintres scandinaves qu'il aime fréquenter. Quand la solitude l'énerve, il redevient mondain ou va assister à quelque bonne causerie du pays, à *l'Ermitage*, lieu de réunion des artistes scandinaves et des peintres du boulevard de Clichy.

Salmson est un des plus brillants peintres de genre de la Suède et c'est l'un des peintres les plus distingués de l'école française. Admirateur ardent de la vie française, le peintre suédois s'attache généralement à reproduire des scènes picardes. On connaît les puissantes toiles qu'il a exposées à Paris, notamment *Une arrestation dans un village de Picardie*, achetée par l'État et placée au musée du Luxembourg, *Dans les champs* (1879). Médaillé en 1879 et décoré de la Légion d'honneur, Salmson n'a jamais interrompu la lutte pour la conquête de l'art. On a vu ses belles toiles à l'*Exposition des artistes scandinaves*, ce splendide dessin qu'on appelle *le Faucheur* et qui aura, lui aussi, les honneurs de la postérité.

Son exposition 1882 est intitulée : *Une première communion en Picardie*. C'est splendide de jeunesse et de fraîcheur. L'État a acquis cette intéressante toile.

MICHEL DE WYLIE

MEMBRE DE L'ACADÉMIE DES BEAUX-ARTS DE SAINT-PÉTERSBOURG

ICHEL DE WYLIE est né à Saint-Pétersbourg en 1838. Son père, sir James Wylie, était Écossais; il vint s'établir en Russie en 1817, eut une carrière très brillante dans la médecine, que son oncle, le baronnet de Wylie, avait illustrée antérieurement et qu'on surnomma le Larrey de la Russie.

Michel de Wylie perdit son père de bonne heure et fut placé à l'école militaire où il gagna ses épaulettes d'officier aux gardes. Il servit pendant quelque temps au régiment Préobrajensky; une belle carrière était ouverte au jeune officier dont on admirait la haute stature, la sonore voix de commandement et la belle éducation militaire; mais ses goûts artistiques, une certaine indépendance de caractère le poussaient vers les arts qu'il aima dès sa plus tendre enfance. En 1863, il quitta l'armée, fit ses premières études artistiques sous la direction de Premazzi, aquarelliste italien, établi à

Saint-Pétersbourg. C'est à lui qu'il doit le dessin serré et la technique qui constituent la base de tout enseignement artistique. Deux ans plus tard, Wylie quitta la Russie. Il fit d'abord un voyage au pays de son père (l'Écosse), où il avait une nombreuse famille. Il séjourna ensuite longtemps à Bruxelles, à l'atelier de Portaels; puis, successivement, à Munich, à Dusseldorf, à Venise, à Rome et vint s'établir définitivement à Paris, ce centre du goût et de l'art.

Jusqu'à ces dernières années, Wylie s'était surtout distingué dans l'aquarelle. L'intérieur, avec ses pénombres mystérieuses, fut pendant longtemps sa spécialité. La masure pittoresque, la rue, la rue italienne surtout, éclatante de soleil, avec son grouillement d'hommes et d'animaux, avec ses escaliers en gradins, ses superpositions de bâtisses bizarres coupées çà et là par l'élégant clocher renaissance, toute la nature méridionale avec ses cactus, ses figuiers, ses palmiers, attiraient cet enfant du Nord. Il fouillait amoureusement cette nature que le soleil dardait de ses chauds rayons.

L'auguste épouse de l'empereur Alexandre II acquit grand nombre d'importantes aquarelles de Wylie, exécutées en Italie, et on trouve dans la collection impériale d'autres œuvres remarquables, telles que : *l'Intérieur de l'église de Saint-Sabba*, aux environs de Moscou, de pittoresques canaux de Venise, des ruines de châteaux écossais. La reine de Wurtemberg a de lui une série d'aquarelles du *Couvent de Bebenhausen*, intéressante reconstruction d'un édifice du xive siècle; *l'Intérieur de Saint-Marc, à Venise; l'Intérieur du salon du du prince Galitzin;* celui d'une *Salle à manger du palais du comte Koucheleff; l'Intérieur des salles du musée de Cluny,* appartenant à l'empereur Alexandre III, sont les œuvres les plus considérables de ce genre. Enfin, le roi des Belges possède une grande aquarelle des *Démolitions de Bruxelles,* avec beaucoup de figures, qui peut passer pour ce que Wylie a fait de mieux en ce genre : il y allie une grande vigueur à un dessin serré et correct; un peu de sécheresse tempérée par beaucoup d'habileté.

Ce n'est que dans ces dernières années que Wylie s'est essayé à la peinture. Il paraît y avoir pris goût et le public apprécie son talent. Nous signalerons parmi ses toiles : *Une rixe en Italie,* appartenant à M. Dansaert, de Bruxelles; *Un intérieur d'église à Bruges,* fort beau tableau faisant partie de la galerie de M. Van Geestel, à Anvers; un tableau effet de nuit, *l'Impasse Hélène,* sombre et mystérieuse ruelle parisienne, éclairée par la lumière douteuse d'un méchant réverbère, une chiffonnière anime seule ce coupe-gorge. Cette toile fut remarquée au Salon de 1880. En 1882, Wylie a exposé un clair de lune. Son tableau, intitulé : *Passé minuit,* représente une rue de Villefranche, avec sa cathédrale s'élevant sous le ciel étoilé. Ce tableau est

très intéressant : au second plan on distingue la cathédrale, ornée de mille contours dus au cerveau provençal; là une petite lucarne éclairée. Il fait nuit, mais comme en Provence, c'est-à-dire que le bleu foncé du ciel permet encore de voir les maisons blanchies à la chaux. Comme épisode, il y a un jeune pierrot qui a certainement bu plus que s'il avait assisté à un banquet d'artistes, et qui est étendu tout de son long sur la voie publique ; deux gendarmes viennent ramasser le dormeur et se disposent à l'amener au poste pour lui faire appliquer le dernier règlement sur l'ivrognerie.

Il paraît, cependant, que Wylie cherche maintenant ses motifs à Paris même et dans ses environs. Il rentre aussi dans le domaine du paysage pur.

Le Salon de 1883 verra de lui *Un crépuscule dans la vallée du Morin*, qui est d'une grande puissance.

Wylie est membre de l'Académie des Beaux-Arts de Saint-Pétersbourg et membre honoraire de la Société royale belge des aquarellistes.

LOUIS EBNER

Louis Ebner est né à Buda-Pesth en 1850. A trente ans, Ebner est déjà arrivé à la notoriété. Physionomie intéressante ; le menton indique la fermeté, la volonté ; avec cela un je ne sais quoi d'attrayant dans sa conversation. Il est gai, spirituel, et reflète bien l'esprit caustique de la société austro-hongroise, si courtoise dans ses relations sociales.

C'est à l'âge de vingt-cinq ans qu'Ebner arriva à Paris pour se perfectionner au contact de l'École française, mais il est resté national dans le choix de ses sujets et dans les études intéressantes qui ornent son atelier du boulevard de Clichy ; on peut lire la vie hongroise dans son ensemble si original. Ici, des types hongrois, transylvains, tchèques, moraves, polonais, aux costumes variés et pittoresques ; là, des bœufs des Carpathes, aux cornes superbes ; puis des femmes jasant sur la place d'un marché; là encore, une bonne cuite que des paysans se donnent dans un cabaret.

Ebner exposa deux portraits aux Salons de 1875 et 1876 ; en 1879, *Une page brûlante*, représentant un beau soldat hongrois écrivant une lettre d'amour.

Au Salon de 1880, il exposa *Un marché en Hongrie*, avec beaucoup de figures, de voitures et de chevaux, qui fut fort remarqué.

En 1881, *les Marchandes d'habits* en Hongrie; en 1882, *le Retour de la moisson*. Ce tableau a été acquis par S. M. l'empereur François-Joseph.

Cette année, Ebner a envoyé *les Conscrits avant leur départ*. Ceci se passe dans un cabaret : pendant que des musiciens tzyganes exécutent avec furia quelques airs de danse et que des groupes s'enlacent et dansent une mazurka ou une scottish quelconques, que d'autres font honneur aux produits du cabaretier juif, il y a, au premier plan, un jeune conscrit désolé de partir et que sa vieille mère cherche à consoler.

Ebner expose aussi en province et à l'étranger, et il a remporté un certain nombre de médailles dans diverses expositions provinciales.

GUSTAVE JUNDT

USTAVE JUNDT est né à Strasbourg, le 21
juin 1830. En le voyant sortir de son
atelier de la rue d'Assas avec son ruban
rouge à la boutonnière, on le prendrait volontiers pour
un officier de chasseurs d'Afrique, sauf le teint qu'il a
très frais, d'une carnation rose. Yeux bleus, cheveux
blonds, une poitrine puissante, un air joyeux et bon
enfant. Encore un charmeur qui a remporté autant de
victoires artistiques que de succès auprès du beau
sexe. Quand il n'est pas devant son chevalet, sûrement
il est dans le monde *où l'on ne s'ennuie pas*, et très
souvent il rentre chez lui à l'aube, un peu fatigué mais
toujours prêt à recommencer. Un Alsacien celui-là et
un Alsacien bon teint, qui a lancé l'autre jour un joli
livre, *Hans*, avec des illustrations dignes de celles de
son ami Gustave Doré, arraché trop prématurément,
hélas, à la gloire artistique ! Les casques à pointe ont
interdit ce livre dédié à l'enfance, où le peintre a dessiné

une page finale avec la rubrique *Vive la France !* Ah ça, est-ce que Jundt aurait dû faire par hasard l'apologie des oppresseurs de sa patrie ?

Gustave Jundt est petit-fils de Kirstein, le merveilleux ciseleur, et fils d'un industriel. En 1848, il entra chez Gabriel Guérin ; en 1849, il partit pour Paris et entra à l'atelier de Drolling, puis à la mort de ce dernier, à l'atelier de Robert-Fleury, enfin chez Biennourry.

En 1851, il travailla seul et fit une excursion en Bretagne et dans le Dauphiné ; l'année suivante il retourna à Strasbourg, parcourut avec Haffner la forêt Noire et le duché de Bade, et commença ses premiers tableaux tout en collaborant au *Veilleur de nuit*. Serait-ce le point de départ de Jundt de veiller la nuit comme il le fait depuis trente ans ? Il revint ensuite à Paris.

Il envoya au Salon de 1856 : *la Fête au village voisin*, et depuis, son aimable pinceau nous a donné à chaque Salon, des motifs alsaciens, tyroliens, bretons, auvergnats, anglais, algériens, les sites enchanteurs des environs de Paris : Orsay, Marlotte, Montgeron, Cerney.

Qui n'a pas présents à la mémoire sa *Marguerite ; les Iles du Rhin ; la Chèvre ; les Libellules ;* la ravissante *Fleur de mai ; la Matinée du grand-duc ; l'Invitation à la noce ; le Premier-Né, le Baptême*. Ses autres œuvres sont : *Fillettes des bois ; le Sentier du philosophe, Monaco* (1879); *Retour de la marié ; Faneuse* (1880); *Retour ; Nice surprise par la neige* (1881); et ces deux belles toiles que nous avons admirées au Salon 1882 : *l'Aurore; le Crépuscule*.

Jundt est aussi un caricaturiste très spirituel. Quoi d'intéressant aussi comme *l'Histoire de la poupée, le Poltron, Polichinelle, les Défauts horribles, la Main* et ses jolies publications pour l'enfance qu'on a le grand tort de négliger depuis quelque temps.

Médaillé en 1868 et en 1873, Jundt a été nommé chevalier de la Légion d'honneur en 1880.

Il a exposé en 1883 *les Premiers rayons* et *Sous bois*, deux toiles délicieuses.

JOSEPH WENCKER

OSEPH WENCKER est né à Strasbourg, en novembre 1848. Un véritable type d'artiste celui-là, moustachu et barbu, gai, spirituel, ce qui ne l'empêche pas de travailler énormément. Il veut arriver et ne néglige rien pour cela. Quels piocheurs, ces peintres alsaciens! Ils sont tous animés d'une ardeur sans pareille, ils veulent affirmer leur supériorité artistique sur les peintres allemands. C'est la revanche morale, intellectuelle, en attendant l'autre revanche qui se fait bien attendre pour les compatriotes de Kléber et de Rapp le brave Colmarien!

Il entra en 1868 à l'atelier Gérôme et y resta cinq années consécutives. En 1873, il débuta au Salon par un tableau intitulé *Intimité*, intérieur et scène antique. L'année suivante, il envoya une scène alsacienne: *Sous la feuillée*; en 1875, *Un Portrait de femme* et un grand tableau: *Jeunes filles se parant de fleurs*; puis *Lapidation de saint Étienne*, qui lui valut une mention honorable.

Prix de Rome en 1876 avec le sujet : *Priam venant demander le cadavre d'Hector à Achille ;* deuxième médaille en 1877, pour un *Portrait de jeune fille ;* 1878, *Portrait de jeune fille ;* l'année suivante, *Sainte Élisabeth de Hongrie ;* 1880, *Saül chez la pythonisse* et *Portrait de femme ;* 1881, *Portrait de M. Engel Dollfus,* le grand industriel alsacien, et *le Colonel Hepp ;* 1882, *Prédication de saint Jean Chrysostôme contre l'impératrice Eudoxie,* toile imposante contenant plus de quatre-vingts personnages et traitée dans le style académique le plus pur, qui a fait sensation au Salon.

Cette année, il a envoyé une *Baigneuse* et un *Portrait d'homme* bien traités.

Wencker a exposé au Cercle de l'Union artistique et Cercle Volney, les *Portraits de MM. Denfert-Rochereau et Girod* et *Femme à l'éventail.*

LUDOVIC LE PIC

ECOMTE Ludovic-Napoléon Le Pic est né à Paris. Il est fils du général comte Le Pic, aide de camp de l'empereur Napoléon. Ce rude combattant de l'armée de l'art à la figure énergique, au front découvert sur lequel l'étude a imprimé son signet, préfère mille fois la couronne artistique à la couronne comtale. Tous combattants dans sa famille : vingt-deux Le Pic sont morts glorieusement pour la patrie ; aussi, en 1870, l'artiste s'est-il souvenu de sa grande race, des *grandia ossa patrum*, et a-t-il apporté à la patrie le soutien de son bras vigoureux. Prisonnier à Sedan, il a caché sous son uniforme l'aigle et un lambeau du drapeau tricolore qui fait aujourd'hui l'ornement de son atelier si somptueux et riche de merveilles de toute sorte.

Le comte Le Pic fit ses études au lycée Bonaparte ; sa famille aurait voulu l'envoyer à Saint-Cyr pour qu'il pût continuer les glorieuses traditions militaires de sa famille, mais il voulut devenir peintre. Il entra à l'atelier de Gleyre qu'il abandonna pour celui de Cabanel, à l'École des Beaux-Arts. Il travailla comme un bénédictin, étudiant en plus l'architecture, le costume et les arts somptuaires. Aqua-fortiste distingué, il fit admettre au Salon une eau-forte représentant une tête de bouledogue, d'après Jadin. C'est à lui que les aqua-fortistes doivent d'être admis au Salon.

Il visita Rome et l'Italie qui ne *l'empoignèrent pas*, la Hollande l'impressionna davantage, les maîtres naturalistes hollandais lui plurent ; de retour à Paris, il fait une *Tentation de saint Antoine* très vigoureusement traitée et un véritable poème réaliste : une tête de loup dépécée par des corbeaux avec le titre *Finis coronat opus*, puis *le Déluge*, ce tryptique étonnant, prodigieux qu'admira religieusement le peintre russe Aïvazowsky qui, lui aussi, a fait une toile intitulée *le Déluge*, actuellement au musée de l'Ermitage à Saint-Pétersbourg. Après une excursion qu'il fit à Cayeux, où il rencontra le grand peintre Jules Dupré, Le Pic se mit à peindre la mer ; il y prit un tel goût, qu'il vint se fixer à Berck et acheta un bateau pour étudier la mer de plus près en s'aventurant fort loin, quitte à débarquer après un coup de vent en Hollande ou en Angleterre. Depuis quelques années Le Pic ne voyage plus seul, il emmène avec lui Tattegrain un autre loup de mer, et ne s'ennuie plus à rester tout seul dans son bateau. Les dernières expositions du comte Le Pic ont prouvé qu'il est passé maître dans l'art de peindre la mer calme ou irritée, avec ses vagues vertes ou la tempête déchaînée avec ses flots mugissants.

Le comte Le Pic a été nommé peintre du Département de la marine. Il a peint ces tableaux si vrais, si sincères : *les Bords de l'Escaut; le Bateau brisé; la Tempête; la Pêche au hareng d'Écosse par les bateaux de Berck; la Vierge de Grosfliers, à Berck* (Pas-de-Calais) (1879); *la Banquise de la Loire à Saumur, janvier 1880;* cette belle toile intitulée *le Retour* (le cercueil du Prince impérial est transbordé de *l'Oronte* à *l'Enchanteress*, Portsmouth, 11 juillet 1879); *Alerte; Berck, octobre 1879; Plage de Berck,* panneau décoratif au Salon de 1831 : *Mer calme devant Boulogne; Effet de brouillard dans les mers du Nord* (1882).

Le comte Le Pic est un hardi novateur, un peintre fougueux. Léon de Lora a dit quelque part de lui : « Quiconque entre chez lui avec une idée d'art, y est accueilli comme un ami. Le maître apporte en ses moindres procédés une délicatesse touchante : il est tout à qui a besoin de lui. » C'est d'autant plus vrai, que nous nous sommes adressé au maître pour obtenir de lui une composition pour la première page de notre livre et il s'est empressé de nous faire le dessin si original, qu'on peut voir en tête de ce volume consacré à l'armée de l'art.

ÉDOUARD TOUDOUZE

ÉDOUARD TOUDOUZE est né, le 24 juillet 1848, à Paris. C'est le neveu du peintre A. Leloir, le cousin de Louis et de Maurice Leloir et le frère de l'homme de lettres. Lettré, élégant, charmant homme, d'une conversation agréable, Toudouze est très mondain, ce qui ne l'empêche pas de piocher comme s'il n'était qu'à ses débuts. Et cependant quelle carrière bien remplie que celle de ce peintre de trente-cinq ans! Quel enthousiasme que le sien quand il parle de ses maîtres et de ses émules!

Toudouze fit ses études à Sainte-Barbe. Il entra d'abord à l'atelier d'A. Leloir, puis à celui de Pils, à l'Académie des Beaux-Arts.

Il débuta au Salon de 1867 par un tableau représentant un *Gaulois mettant une barque en mer,* effet de nuit; ensuite *Jézabel jetée aux chiens; la Mort de Brunehaut;* en 1870-71, il courut à la défense de la patrie et s'engagea dans les mobiles de la Seine.

En 1871, il entra en loge pour le prix de Rome qu'il remporta haut la main. Le sujet du concours était *Œdipe aveugle*. A Rome, il se fit remarquer par son assiduité et par son esprit chercheur, Hébert et Lenepveu s'attachèrent à lui.

Ses envois suivants furent : *Éros et Aphrodite; Clytemnestre ; Samson tournant la meule; Une copie d'après Paul Véronèse (plafond du palais ducal)* qui lui valut une médaille de 3e classe en 1876 ; *la Femme de Loth changée en statue de sel*, en 1877. Cette œuvre importante fit décerner à son auteur une deuxième médaille et le mit en évidence.

Les expositions suivantes du peintre ont été fort remarquées : en 1878, *la Plage d'Yport* et le *Portrait de Mlle M. B...*; en 1879, *les Anges gardiens*, toile poétique d'une grande puissance. Le sujet est tiré de l'*Icone*, légende byzantine de G. Toudouze.

De l'idée chrétienne, Toudouze saute au siècle rabelaisien et donne un *Divertissement champêtre*, digne des anciens maîtres; en 1881, *Coquetterie;* en 1882, *Triomphe de Diane*, plafond pour une salle à manger de Roubaix.

Le jeune maître va de l'avant. Cette année, il n'a envoyé qu'un *Portrait*, mais un pur chef-d'œuvre de finesse, de goût et d'observation.

JOHN-S. SARGENT

OHN-S. SARGENT est né à Florence en 1856. Lui, un artiste américain, allons donc! C'est un Américain de la rue Notre-Dame-des-Champs, un élève de Carolus Duran et un Parisien pur sang quant à l'esprit, à la vivacité et aux nerfs artistiques. Grand, mince, regard puissant. C'est une organisation artistique merveilleuse que Carolus Duran a toujours suivie avec le plus vif intérêt. Il aime voyager et trouve qu'on perd moins de temps à se rendre à Séville, à Grenade, au Caire ou à Florence que d'aller passer un dimanche abrutissant à Asnières ou à Bougival, en compagnie de ces dames. Et cependant c'est un jeune, et je maintiens qu'il n'a rien d'américain du tout, car c'est un homme tout feu, tout nerfs; de plus il ignore l'arithmétique et ne s'en aperçoit que quand il a constaté le vide de son porte-monnaie. On tape ce grand enfant, on lui arrache ses billets de banque et même ses derniers louis et quand il n'en a plus, il ne

proteste pas. Toujours de bonne humeur, il ne s'est mis en colère que l'autre jour quand il a appris l'inique loi votée par le congrès des États-Unis sur la surtaxe des produits de l'art étranger. Il était cette fois-là bien en colère, il grinçait des dents, cassait des assiettes chez Foyot et voulait tout simplement aller chasser les membres du congrès de leurs fauteuils, à grands coups de pied. Sargent tribun est superbe, il est éloquent. On ose toucher aux siens, aux artistes français, à sa seconde patrie, à la France qui lui a donné son éducation artistique !... Bravo, Sargent !

Sargent a fait plusieurs expositions toutes marquées à sa griffe originale : en 1879, un excellent *Portrait de Carolus Duran* et *Dans les oliviers, à Capri;* en 1880, *Portrait de Mme E. P...* et *Fumée d'ambre gris ;* en 1881 : *trois portraits* dont le plus remarqué fut celui de Mlle L. P... Cette exposition lui valut une médaille de 2e classe.

En 1882, il donna un superbe *Portrait de jeune fille* et *El jaleo, danse de gitanes.* Qui ne se souvient de cette toile dont une belle gitane est le sujet principal ?

Cette année, Sargent donne des *Portraits d'enfants.*

Un bon point aussi à Sargent pour la protestation qu'il a signée avec ses amis contre la mesure arbitraire, inepte et vandalesque prise par le congrès des États-Unis contre les produits de l'art français.

ERNEST DUEZ

rnest-Ange Duez est né à Paris. Tête de jeune pâtre calabrais, au teint chaud, sur un corps taillé à l'antique. Quel magnifique cuirassier il aurait pu faire ! Ce n'est pas seulement sa stature qui le distingue, mais encore son talent.

Élève de Pils, Duez a commencé par le genre académique et religieux. Sa première exposition, *le Christ mort,* date de 1868. Il donna ensuite une série de tableaux à costumes.

En 1873, il exposa *la Lune de miel* et entra dans la vie moderne, montrant une grande tendance vers le plein air, ce qui le servit du reste à souhait.

Splendeur et misère, son tableau de 1874, fut un succès et il remporta sa première médaille.

Son exposition de 1876, *la Femme aux pivoines* et *Jeune homme à l'ulster,* fut un progrès dans la voie de la modernité.

En 1877, il donna le *Portrait de Mme Duez* et un charmant tableau de genre : *Fin octobre.*

En 1878, *les Moulières de Villerville* et *l'Accouchée* furent remarquées.

Son œuvre principale est *Saint Cuthbert*, qui lui valut une médaille de 1re classe (1879).

En 1880, il fut nommé chevalier de la Légion d'honneur.

Ses œuvres suivantes sont : *Portrait d'Ulysse Butin* (1880) ; *Portrait d'A. de Neuville* et *le Soir* (1881) ; *Autour de la Lampe* (1882), toile très intéressante.

Duez est un excellent coloriste et un peintre du plus grand avenir.

ADOLPHE APPIAN

DOLPHE APPIAN est né à Lyon en 1819. Il ressemble beaucoup à Théophile Gautier, même carrure d'épaules et même chevelure parnassienne ; un véritable tempérament d'artiste, un aimable causeur, toujours gai, spirituel et modeste quand il parle de ses œuvres, un maître du fusain et un excellent aqua-fortiste. Il a un fils qui promet et se destine à la grande peinture. Élève de Corot et de Daubigny, il exposa son premier tableau en 1852, *Roger dans l'île d'Alcine ; ruines*. Depuis, il exposa chaque année.

Appian reste toujours dans sa ville natale et ne fait que de fort rares apparitions à Paris. Pendant sa carrière artistique, il a exécuté un grand nombre de tableaux reproduisant des sites du Rhône, de l'Ain, de l'Isère et de la Savoie.

Il a obtenu, au Salon de 1868, une médaille pour ses tableaux : *Temps gris, marais de la Burbanche* et *Bords du Furens, en octobre, à Rossillon*, et deux fusains : *Environs de Rochefort* (Ain) et *Marais de Virieu-le-Grand*.

Ses dernières œuvres sont : *Route de Port-Vendres* (Pyrénées-Orientales), *Environs de Lyon* (1879) ; *la Dernière neige à Artemare* (Ain), *Environs d'Argelès* (Pyrénées-Orientales) (1880) ; *le Port de Callioure, la Plage du Faubourg à Callioure* (1881) ; *Environs de Carquéranne*, près d'Hyères (1882). Cette année il a envoyé un excellent tableau intitulé : *Un jour de pluie au Mourillon* (Var), et un magnifique fusain.

Un de ses tableaux au fusain est au musée du Luxembourg.

La belle collection du *Fusain,* importante publication qui paraît chez notre éditeur et ami E. Bernard, contient de nombreuses études d'Appian, véritables merveilles de brio et d'exécution.

TONY ROBERT-FLEURY

ony Robert-Fleury est né à Paris en 1838. Celui-là est un bien-aimé des dieux; tête magnétique, belle, le teint mat, une forêt de cheveux bruns, le langage doux et imagé; mais il y a, au milieu de cette correction, je ne sais quel air indiquant, en dehors de l'homme d'étude, un sensuel qui doit chérir les femmes ou en être adoré, ce qui est bien admissible aussi. Il est poète à ses heures.

Après avoir terminé ses études, y compris la médecine, il se souvint qu'il était fils du grand Robert-Fleury et, malgré son père, il se mit à la peinture. Il étudia quelque temps sous la direction de Paul Delaroche, puis il entra chez Léon Cogniet, où il connut Bonnat, Jules Lefebvre, J.-P. Laurens, etc. Il passa ensuite à l'École des Beaux-Arts, s'y distingua, puis quitta brusquement l'École et se rendit à Rome en 1862; il y rencontra Hector Le Roux.

Deux ans après il revint à Paris. Il exposa : *Varsovie, le 8 avril 1861* ; *les Vieilles de la place Navone*, qui obtinrent un grand succès: En ce qui concerne le premier ouvrage qui fut acheté par le comte X. Branicki, nous dirons que ce tableau a été brûlé en partie, comme la question polonaise a été détruite en totalité. *Le Dernier jour de Corinthe*, qui fut un événement artistique considérable. Après avoir été médaillé en 1866, 1867, il reçut la médaille d'honneur en 1870, pour une toile magistrale dans laquelle il dramatisait le sac de Corinthe, cette puissante page écrite par l'historien Polybe.

En 1873, il expose *les Danaïdes*; cette toile, acquise par l'État, valut à son auteur la croix de la Légion d'honneur. En 1875, il donna *Charlotte Corday à Caen*, songeant dans l'isolement à tuer Marat, le monstre immonde qui fut frappé par celle qu'on a appelé l'*Ange de l'assassinat*. Ce tableau est au musée de Bayonne. L'année suivante il donna *Pinel à la Salpêtrière* et glorifia le savant docteur, tableau émouvant qui orne aujourd'hui la salle de la Salpêtrière où le docteur Charcot fait ses cours.

En 1877, il exposa le *Portrait de sa mère*, portrait comme on n'en fait, hélas, que bien rarement! En 1870, il exécuta un plafond pour le palais du Luxembourg, *Glorification de la sculpture française*, qui le placèrent d'emblée parmi les maîtres de la peinture décorative.

En 1882, il envoya cette toile magistrale : *Vauban donne les plans des fortifications du château et de la ville de Belfort*. Cette année, *Mazarin et ses nièces*.

AMAND GAUTIER

MAND GAUTIER est né à Lille en 1825. Figure fine, front découvert, yeux bleus, tête de penseur, charmant causeur, modeste et quelque peu insouciant par excès de modestie. En peinture, un éclectique qui réussit dans chaque genre. Fait-il une nature morte, on lui demande : Pourquoi n'en faites-vous pas davantage ? Représente-t-il quelque scène d'intérieur, ses amis lui disent : Restez là, c'est votre terrain ! Somme toute, bon peintre ; et celui qu'on a appelé *le peintre des sœurs de charité*, n'aime dans les sœurs que le costume de ces grandes figures humanitaires.

Élève de Souchon et de L. Cogniet, A. Gautier est plus réaliste que Souchon qui fut l'ami de Géricault et l'élève du grand David. Gautier adore toutes les voies quand elles partent d'un principe.

Il exposa, la première fois, en 1853. Son tableau *Promenade du jeudi*, peinture austère, représentant

une promenade de frères ignorantins, fut un succès et il obtint une mention honorable. En 1857, il donna *les Folles de la Salpêtrière;* puis, de 1859 à 1882 : *la Promenade des sœurs*, qui lui valut une mention honorable. Ce tableau fut acquis par l'État. En 1868, *Grand portrait en pied* et *le Repos*, femme nue. Ses œuvres suivantes jusqu'en 1882 sont : *Pauvre mère*, acquis par l'État pour le musée de Niort ; *Surprise au bain*, femme nue, grande comme nature, acquise pour le musée de Lille ; *la Prisonnière* et *Nature morte, pâtisseries ; la Sœur cuisinière ; le Réfectoire; la Raie; la Répétition au couvent; la Pêche à l'épervier*, au musée de Honfleur ; *Grande nature morte; la Lessive au couvent; l'Indolence*. Cette année, il a envoyé deux portraits : *De Vuillefroy,* le peintre, et le *Portrait du docteur* ***. Amand Gautier a exposé aussi un certain nombre de portraits vigoureusement exécutés.

Il est également bon lithographe, excellent aquarelliste et délicieux pastelliste.

ÉMILE VERNIER

MILE VERNIER est né en 1831, à Lons-le-Saulnier. Il y a des saillies anguleuses dans ce visage de travailleur; çà et là des hachures, un nez aquilin, barbe et cheveux poivre et sel, au demeurant physionomie intelligente; le regard révèle l'observation. Causerie attachante : on se retire avec regret, car ce peintre sait raconter avec bonhomie et avec détails intéressants les hommes et les choses de l'art. Il adore Yon, qui le lui rend bien, et il aime tous les vaillants de l'armée de l'art.

Il fit ses études au lycée de Besançon. Destiné à Saint-Cyr, il goûta peu les équations algébriques qui restèrent pour lui à l'état d'inconnues et s'adonna entièrement au dessin. Il entra chez le lithographe franc-comtois Girod, qui lui conseilla de se rendre à Paris, où il débuta à l'atelier de Collette, le célèbre lithographe à la plume. Sa bourse étant à sec, il fut obligé de travailler pour des imprimeurs, où il fit de la besogne bien ingrate.

Le roi de Suède lui commanda un album pour sa collection d'armes et lui accorda la décoration *litteris et artibus*. Dès lors les commandes affluèrent; il dut reproduire, par le crayon, tous les tableaux à succès. Il est devenu l'un des premiers lithographes de son époque.

Il aborda le Salon avec une superbe lithographie d'après *les Casseurs de pierres,* de Courbet, et ne laissa guère passer une exposition sans y envoyer quelque œuvre nouvelle.

En 1880, *la Récolte du varech à Concarneau* et *les Dunes à Roscoff*, qui lui valut la croix de la Légion d'honneur ; en 1882, *le Retour des crevettières du Grand-Camp* (Calvados); *la Mise à l'eau d'une fonçale* (Calvados).

Peu d'artistes ont autant produit. C'est un grand crayon, et, en peinture, un excellent coloriste.

Pour ces diverses expositions, il obtenait des médailles en 1869, en 1870, puis une médaille à l'Exposition universelle de Vienne en 1873. En outre, ses confrères, appréciant à sa juste valeur son talent, l'élisaient membre du jury (section de gravure et de lithographie) ces trois derniers Salons.

Un jour vint, cependant, où le peintre essaya de contrebalancer le lithographe. C'était en 1864. Émile Vernier abordait le Salon avec deux paysages : *Une vue* près de Besançon et *Une vallée de l'Ain,* dont on remarqua la conscience; puis, *Parc à Champigny* (1835); *Vues de Champigny* (1866); *les Bords du Doubs; Chemin sous bois* (1867); *le Village d'Avanne; les Bords de la Loire* (1868); *Vue à Cléron; les Bords de la Loire* (1869); *Ferme à Vaucotte; Plage d'Étretat* (1870); *Plage et bateau à Yport* (1872); *Rocher et marée basse à Yport* (1873); *les Martigues; le Bassin du carénage,* à Marseille; *les Bateaux de Cancale* (1874); *Un bateau de Cancale; le Retour du Bas de l'Eau* (1875); *la Tour des Pleureuses à Amsterdam; Paysans de Wissant* allant chercher de l'eau de mer (1876); *Bateaux séchant leurs voiles,* acheté pour le musée de Besançon et récompensé d'une mention honorable; *Cour de ferme,* à Altainville, et *Avant le grain,* à Grand-Camp (1878), pour lequel il obtint à nouveau une mention honorable (acquis par l'État pour être placé au musée du Luxembourg); *la Seine à Bercy, en décembre 1878* et *les Pêcheurs de varech, à Yport* (1879), récompensé d'une troisième médaille: en 1880; *la Vente de coquillages, à Saint-Wast de la Hougue,* auquel le jury a décerné une seconde médaille, ce qui a mis Émile Vernier hors concours.

FILIPPO LIARDO

ilippo Liardo est né à Lionforte, province de Catane, le 1er mai 1840. Un garibaldien par amour de la patrie et un peintre par amour de l'art. Énergie, finesse, volonté, on lit ces trois qualités sur cette tête découverte au sommet, à la barbe en pointe, au regard puissant et au teint mat. Cœur chaud, nature volcanique, impétueuse ; on voit bien que l'Etna avoisina son berceau. En voilà un qui n'aime pas l'intrigue et qui ne courbera jamais ses robustes épaules pour saluer les faux dieux de l'art et les fausses réputations injustement acquises. Trapu comme un chasseur à pied, il a un langage imagé et poétique.

Fils de ses œuvres, Liardo a étudié seul jusqu'à l'âge de vingt ans. Les bonnes gens de Termine et de Palerme se rappellent encore ses débuts. Il avait le diable au corps, et allait crayonner au charbon sur les murs des maisons blanchies à la chaux, les braves femmes et autres indigènes de la petite cité. Il souleva bien des colères avec ses dessins, s'exposa à bien des corrections, à plus d'un guet-apens des vieilles en colère qui passaient des heures entières, le balai à la main, à l'affût derrière leurs portes, prêtes à corriger l'audacieux moutard qui salissait leurs murs et osait dessiner le diable avec ses cornes et autres accessoires.

A vingt ans, Liardo se rendit à Palerme où il commença à faire du portrait à l'huile et il concourut pour le prix de Rome qu'il remporta d'emblée. Mais on était dans la période de l'entrée de Garibaldi en Sicile. Le peintre oublia Rome et sa pension, et alla s'enrôler dans les rangs du libérateur de l'Italie. De Palerme, il suivit Garibaldi à Naples, et pour sa bravoure il fut fait officier après la bataille de Santa Maria de Capoua.

La campagne terminée, en 1862, Liardo accepta sa pension d'artiste, mais, en sa qualité de garibaldien, il lui était impossible d'aller à Rome sous peine d'être arrêté, jugé et expulsé par le tribunal pontifical; il alla donc étudier à Florence. *Non licet omnibus adire ad Corinthum!* Il étudia sous Morelli.

A Florence, il exécuta divers tableaux, fit *Une scène du bombardement de Palerme* et une autre scène à son directeur de Florence qui voulait l'empêcher d'aller étudier le mont Blanc et les neiges de la Suisse, ce qui ne l'empêcha pas d'avoir une première médaille à Termine pour le *Portrait de son père;* la même année une autre première médaille à Parme, enfin encore une première médaille à Palerme.

En 1865, Liardo se rendit à Paris et exposa son *Bom-*

bardement de *Palerme* quand, en 1866, la guerre fut déclarée par l'Italie contre l'Autriche. L'artiste déclara aussi sa guerre à l'Autriche, et l'*Illustration* de Londres, le *Monde illustré* et l'*Illustration* le chargèrent de crayonner entre-temps des épisodes de la guerre du Tyrol que dirigeait Garibaldi.

Après la guerre il retourna à Florence et exécuta plusieurs tableaux et portraits. Rome à l'Italie ouvrit ses portes à l'artiste qui avait tant concouru au *fara da se Italia*; il y installa son atelier à la villa Frascati, où il exécuta les portraits des trois princesses Borghèse. Il a encore cet atelier à cette villa qui appartient au prince Borghèse.

En 1878, Liardo est revenu à Paris, il suivit les conseils de Gérôme et exécuta beaucoup de tableaux qui prirent le chemin de l'Angleterre et de l'Amérique. Il exposa *la Récolte des neiges en Italie* (1880), figures caractéristiques d'un groupement naturel; dessins à la plume, scènes parisiennes (1881) ; *Une rencontre* (1882). Cette année, il a envoyé *l'Inondation du quai d'Asnières*, toile importante, et son *Portrait au pastel*.

On ne saurait apprécier le talent de Liardo par ses expositions de Paris, ses œuvres sont éparpillées un peu partout. Nous dirons que c'est un peintre vigoureux, intéressant, toujours consciencieux, très coloriste et un dessinateur souple, à la touche fine et délicate. C'est de plus un modeste et un excellent camarade.

Jan van Beers
Paris
1883

JEAN VAN BEERS

ean Van Beers est né à Lierre (Belgique), et je ne dirai pas son âge, parce que le peintre belge n'aime pas raconter ces choses-là ; il a sans doute suivi l'exemple de Mmes X, Y, Z..., qui se contentent d'être jolies et de montrer leurs dents éclatantes de blancheurs nacrées. Moustaches en croc, barbiche royale de mousquetaire, type intéressant. On se figure plus volontiers ce peintre avec le feutre à plumes, la main appuyée sur la garde de son épée et s'écriant : Par la palsambleu, messieurs, veuillez me faire place ! Le mousquetaire en question a la main fine d'Aramis, et bien sûr que cette main a ramassé plus d'un mouchoir à dentelles échappé de la main d'une jolie femme. Courtois, aimable, charmant causeur, ses petites toiles sentent l'homme du monde, c'est fin. Il aime représenter de charmantes femmes, séduisantes, souriantes, habillées comme on s'habille chez Worth, dans le goût du jour. Minitieux dans les plus petits dé-

tails de la toilette des femmes, il n'omet rien, et il doit payer très certainement ses modèles aussi cher qu'on paye une représentation de Sarah Bernhardt au Vaudeville.

Quel luxe dans son bel atelier de l'impasse Hélène ! Une riche collection d'objets d'art, des instruments de musique, des tapis de l'extrême Orient, des tentures tissées en Chine, des étoffes merveilleuses. Quel beau cadre pour un artiste ! C'est grand dommage vraiment que les fenêtres de l'atelier donnent sur le cimetière Montmartre ! Chez lui, la vie, la jeunesse, la beauté ; en face de lui, les tombes avec leurs croix alignées, blanches et tristes.

Jean Van Beers n'a pas toujours peint des scènes de la jeunesse et de l'amour. Il a exposé en 1879 une jolie *Laitière*; sa toile de résistance représentait *le Poète flamant Jacob van Maerlandt, mourant, prédit à Jean Breydel et à Pieter de Coninck la délivrance de la patrie*, triptyque ; *les Funérailles de Jean le Bon; la Sorcière.*

En 1880, il donna *Soir d'été, et Charles-Quint,* toile magistralement rendue.

En 1881, il exposa *le Yacht « la Sirène »* et *Matinée d'hiver.*

En 1882, *Embarqués !* et *Lily. Embarqués !* fut un tableau discuté, mais si des peintres ont contesté la manière de rendre une partie de canotage accompagnée d'un flirtage incandescent, nous dirons que ce tableau est d'un charmant effet et d'un fini délicat. L'eau est bien calme, mais on ne met pas une élégante en canot pour gâter sa toilette. Quelle gracieuse figure! Le beau canotier qui lui fait face est vu de dos, mais cela doit être un joli garçon, on le pressent par sa moustache saillante; c'est de plus un magnifique gars solidement charpenté, le bras qui tient l'aviron est de la peinture académique.

Jean Van Beers ne restera pas toujours le peintre de la vie élégante ; un de ces quatre matins on le verra se transformer soudainement, et certainement que ses œuvres seront marquées au cachet de son originalité.

ÉMILE DARDOIZE

MILE DARDOIZE est né à Paris en 1828. Tête de méditatif, beaucoup de distinction, il est très sympathique; c'est un artiste au cœur chaud, à la parole facile, causant de l'art comme le ferait le meilleur de nos conférenciers. Quand il raconte la vie des peintres, c'est un feuilleton parlé aussi attrayant que ceux de notre ami Henri de la Pommeraye. Charmant homme dans toute l'acception du mot, il a de nombreux amis dans le monde des arts, notamment dans la colonie des artistes scandinaves. Un remercîment en passant à l'aimable peintre et littérateur scandinave, la baronne Sophie de Stjernstedt qui nous a présenté au peintre français.

Dardoize perdit son père de bonne heure, et, ses études terminées, il entra dans la banque malgré ses dispositions pour le dessin. Au bout de dix-huit mois, il abandonna ce travail qui l'ennuyait et il se mit à la peinture. A dix-neuf ans, il exposait son premier tableau. Les nécessités de l'existence le firent lithographe. Il se maria fort jeune, et devant ses trois enfants il redoubla d'ardeur pour le travail ; au lieu de continuer à enrichir les éditeurs d'estampes, il se fit éditeur et retourna quand il le put à l'étude de la nature.

Dardoize expose depuis quinze ans, et chaque année on a pu constater ses progrès. Ceux de ses envois qui ont été le plus remarqués, sont : *la Solitude* (1869); *le Soleil couchant sur l'étang de Cernay* (1875); à l'Exposition universelle de 1878, de grands fusains de 10 mètres superficiels (commande pour la ville de Paris) qui lui valurent une médaille de 2e classe. En 1879, il exposa : *A Maintenon* et *l'Automne à Cernay;* en 1880, *la Nuit verte* et son *Crépuscule*, médaillé en 1882, fixèrent l'attention sur lui et commencèrent sa notoriété. Encore quelques étapes à franchir et Dardoize deviendra un maître

BENJAMIN CONSTANT

ENJAMIN CONSTANT est né le 10 juin 1845. Un tempérament d'artiste fougueux, enthousiaste de l'Orient. Il porte un nom célèbre dans la politique, mais il l'a encore illustré lui-même. C'est un parfait gentilhomme, les Constant ont reçu la noblesse au xv⁰ siècle et lui a été décoré de la Légion d'honneur à trente-deux ans. Tête méditative, sérieuse, patriote qui fit le coup de fusil en 1870 et serait prêt à recommencer.

L'artiste fut élevé au collège de Toulouse, il entra ensuite à l'École des Beaux-Arts de cette ville, obtint le prix annuel et fut envoyé à l'École des Beaux-Arts de Paris en 1867. Il entra à l'atelier de Cabanel et exposa en 1869, *Hamlet* et *Trop tard*.

En 1871, il partit pour l'Espagne, visita Madrid, Tolède, Cordoue, Grenade. Il se fit ensuite attacher à l'ambassade de Charles Tissot, au Maroc, et il se mit à travailler librement.

En 1874, il envoya au Salon les *Femmes du harem* et les *Prisonniers marocains*, toiles superbes qui révélèrent le coloriste. En 1875 et l'année suivante, il fut deux fois médaillé pour *Mahomet II entrant à Constantinople*, toile qui fit sensation au Salon, puis *Janissaire et eunuque*.

Parmi ses œuvres importantes, il faut citer : *le Soir sur les terrasses* (Maroc), *les Favorites de l'émir* (1879) ; *les Derniers rebelles :* « Pardevant le Sultan, aux portes de la ville de Maroc, sont amenés, morts ou vifs, les principaux chefs des tribus révoltées » ; *le Portrait de Mme P. D...* (1880) ; l'admirable *Passe-Temps du kalife* (Séville, XIIIe siècle) et sa belle *Hérodiade* (1881) ; *le Christ au tombeau* ; le *Lendemain d'une victoire à l'Alhambra*, Espagne mauresque, XIVe siècle (1882).

Celui-là ira loin, c'est un coloriste puissant, un inspiré, qui vient de partir pour l'Italie et l'Égypte, et il en reviendra certainement avec des études remarquables pour son prochain tableau.

MICHEL MUNKACSY

ICHEL (en hongrois Mihali) Munkacsy est né à Munkacz (Hongrie) en 1844. Sans descendre d'Arpad ni d'Attila, Munkacsy est un véritable Hun, descendant d'un de ces intrépides cavaliers dont les hordes guerrières ravagèrent l'Europe et furent arrêtées sur les bords de la Seine par les prières de sainte Geneviève, — dit la légende, — par le général romain Aétius et non par Mérovée, dit l'histoire.

Regardez cette figure étrange, barbue, aux longues moustaches; considérez cette crinière aux plis onduleux, n'y a-t-il pas là le souvenir des cavaliers huns? La différence entre ses ancêtres et lui, c'est que les Huns n'entrèrent pas à Paris, tandis que Munkacsy s'y est fixé, et qu'à la place de la tente de ces guerriers sauvages, il a un splendide hôtel à l'avenue de Villiers, où se trouvent des richesses artistiques si nombreuses que bien des musées les envient depuis longtemps.

La légende de Munkacsy berger n'est pas vraie, il est fils d'un fonctionnaire de l'État, mort en 1848; il fut adopté par son oncle, l'avocat Reok, qui perdit sa fortune, et pour ne pas lui être à charge, le jeune Mihali alla apprendre l'état de menuisier, à Csaba. Son oncle ayant reconquis une situation, l'arracha à la varlope et le fit entrer à l'atelier de Szamozy, un bon vieux peintre de Gyula. Il travailla avec passion et il se rendit ensuite à Pesth où il exécuta quelques tableaux de chevalet.

En 1866, il se rendit à Munich et travailla à l'Académie, puis à Dusseldorf, chez Knauss, et peignit son premier tableau, *le Condamné à mort*. Knauss lui conseilla d'aller exposer son tableau à Paris.

Ce tableau a été exposé au Salon de 1870. Ce fut un succès qui valut à l'auteur une médaille. Il exposa ensuite: *Épisode de la guerre de Hongrie en 1848* (1873), *le Mont-de-Piété* et *les Rôdeurs de nuit* (1874), et obtint une deuxième médaille; en 1875, *le Héros de village*, scène hongroise, progrès nouveau; en 1876, *Un intérieur d'atelier*; en 1877, *Récit de chasse*. Cette année, le peintre hongrois fut nommé chevalier de la Légion d'honneur. En 1878, *Milton, aveugle, dictant le Paradis perdu à ses filles*, qui lui valut la médaille d'honneur à l'Exposition universelle de 1878 et la croix d'officier de la Légion d'honneur; la même année, *Recrues hongroises*.

Puis il peignit cette œuvre immortelle qui s'appelle *le Christ devant Pilate*.

Le maître hongrois a visité, il y a deux ans, son pays natal et a été l'objet des ovations les plus chaleureuses de ses compatriotes.

Michel Munkacsy a été fait baron par l'empereur François-Joseph; il a épousé, il y a une dizaine d'années, Mme la comtesse de Marsch, femme d'un mérite supérieur.

Dans l'immense et somptueux atelier du maître hongrois où les tentures et les beaux bois travaillés, ciselés, sculptés composent un ensemble si parfait, si digne d'un grand peintre, trois toiles sont commencées, ce sont les esquisses d'un grand tableau qui représentera le drame du Golgotha. Sur le Calvaire il y a trois croix, celle où le Juste a été crucifié et celles des deux suppliciés que le Nouveau-Testament a décrits. Au bas du Calvaire, la foule contemple les suppliciés. Légionnaires romains apparaissent au premier plan, avec leurs casques, leurs cuirasses, leurs boucliers; la main de l'un est solidement appuyée sur son glaive. Là se trouvent les licteurs, ici les pharisiens aux regards louches, les mêmes qui ont accusé Jésus devant le tribunal de Pilate et qui viennent voir si leur victime ne leur aurait pas par hasard échappé.

Ces pharisiens se pressent, s'entassent, se bousculent, se coudoient, chacun veut mieux voir que les autres; il y a là un gros pharisien, nourri sans doute dans quelque cuisine cléricale judaïque, dont les chairs bouffies de graisse et dont le teint apoplectique réjouit l'œil d'un grand diable de légionnaire qui se demande sans doute ce que cette boule de graisse vient faire dans un lieu pareil, loin d'une table chargée de victuailles et de vin de Salerne.

Des juifs aux nez et aux doigts crochus, aux regards obliques, suivent le spectacle. C'est pour eux une représentation gratuite que leur offre le proconsul romain. La mort du Christ, jour de joie, jour de liesse, le *panem et circenses* romain transporté en Judée. Aussi ce monde est-il content ; il n'y a pas un denier à payer.

Dans un coin, il y a les fidèles compagnons du supplicié ; ils pleurent, ils prient. Eux ne viennent pas assister à un spectacle ; ils rendent par leur présence les derniers devoirs au Fils de Dieu, dit la Bible, au Fils de l'homme, dit Renan.

Et tout ce grand drame est contenu dans trois esquisses! Que sera-ce quand l'œuvre de Munkacsy sera tracée sur une toile avec son pinceau merveilleux?

Un chef-d'œuvre va naître, un chef-d'œuvre est né. Le cerveau puissant de Munkacsy l'a conçu.

HENRI HARPIGNIES

ENRI HARPIGNIES est né à Valenciennes (Nord) en 1819. Il y a un peu du duc de Nemours dans sa physionomie ; haute stature, conversation attachante. Il aime tant son vieil atelier de la rue Furstenberg, que même après avoir acheté une magnifique maison dans le faubourg Saint-Honoré, il n'a pu se décider à s'y installer ; il dérangerait ses habitudes, ses amis le négligeraient sans doute, il perdrait sa gaieté, car il a besoin d'eux pour se délasser et faire de la musique, après avoir peint du matin au soir. Harpignies est un violoncelliste aussi habile que Nathan.

Ce peintre est élève d'Achard, un paysagiste qui tenait le milieu entre Michalon et Bidault. — Il fit un voyage en Italie, et ce n'est qu'en 1853 qu'il exposa son premier tableau, *le Chemin creux*, qui fut remarqué. Il exposa depuis, chaque année, mais il n'émergea de la foule qu'en 1861, avec la *Lisière de bois sur les bords de l'Allier*. En 1863, il donna *les Corbeaux* ; en 1866, *le*

Soir dans la campagne de Rome, superbe toile qui est au Luxembourg et qui valut à son auteur une médaille.

Depuis, l'artiste a toujours progressé ; il n'a rien fait de joli, tous ses tableaux sont beaux, c'est-à-dire traités vigoureusement. Son œuvre est considérable ; nous citerons ses principales toiles : *le Saut de loup ; les Chênes du château Renard ; la Prairie du Bourbonnais, effet du matin ; le Pavillon de Flore, vue prise du Pont-Neuf ; les Dindons de Mme Héraut, souvenir de l'Allier ; Retour de chasse, effet du soir* (1880) ; *Victime de l'hiver, Vallée du Loing à Saint-Privé (Yonne),* 1881 ; *les Bords du Loing à Saint-Privé (Yonne) ; la Loire* (1882).

Harpignies est un « peintre vigoureux et souple, « puissant et sincère, qui joint la poésie du style à l'in- « terprétation la plus nette et la plus accentuée de la « vraie nature, » dit de lui notre ami Édouard Drumont.

Harpignies est aussi un aquarelliste de première force et ses œuvres sont vivement disputées par les collectionneurs, comme on l'a vu à ses dernières ventes.

Il a reçu des médailles encore en 1868 et 1869, a été nommé chevalier de la Légion d'honneur en 1875 et a reçu une médaille de 2e classe à l'Exposition universelle de 1878.

GUSTAVE COURTOIS

ustave Courtois est né en 1852, à Pusey (Haute-Saône). Belle tête; un blond à la barbe soignée, que son ami Dagnan a crayonné pour notre ouvrage, dans un costume imposant et qui le fait quelque peu ressembler au magnifique Lasalle, dans *Henry VIII*, abdomen à part, s'entend, et, cela soit dit entre parenthèses, nous préférons mille fois le crayon de Dagnan audit opéra de Saint-Saëns.

Courtois et Dagnan, deux intimes, deux inséparables qui ont un atelier commun, qu'une simple cloison mobile sépare sans jamais séparer leur ardente amitié. Tous deux entrèrent ensemble en 1869 à l'atelier de Gérôme, ils concoururent ensemble pour le prix de Rome en 1876, 1877 et 1878. Tous deux obtinrent un second prix, tous deux obtinrent une troisième médaille en 1878.

Il nous faut séparer, au moins pour un moment, les deux inséparables amis, chacun d'eux occupant une place distincte dans la peinture.

Courtois débuta, au Salon de 1876, par deux tableaux très intéressants : la *Mort d'Archimède* et *Orphée*. *Narcisse* (1877) obtint une mention honorable et fut acheté par l'État, pour le musée du Luxembourg. L'année suivante, il exposa le *Portrait de Mme de Rochetaillée* et *Laïs la courtisane aux enfers*, qui lui valut une troisième médaille. En 1879, il expose *deux portraits*; en 1880, *Dante et Virgile aux enfers, cercle des traîtres à la patrie*, qui lui fit décerner une médaille de 2e classe, belle composition tracée de main de maître et représentant ce passage de l'immortelle *Divine comédie* : « Lorsque je vis, plus loin, deux malheureux fixés dans une même fosse, de telle façon que la tête du premier surmontait et couvrait la tête du second ; mais celui qui dominait s'était acharné sur l'autre, et lui dévorait le crâne et le visage comme un homme affamé dévore son pain... Ugolin suspendit son atroce repas, et, s'essuyant la bouche à la chevelure du crâne qu'il rongeait, parla ainsi... » Quelle magnifique interprétation du Dante !

En 1881, il expose le *Portrait de Mme S. de Torralo* et celui de *Mlle Guerde*; en 1882, sa gracieuse *Bayadère* qui fit sensation au Salon. Cette année il a envoyé une *Femme en costume japonais*, une merveille de finesse et de coloris.

Courtois est un peintre d'avenir qui a déjà conquis une notoriété indiscutable. C'est un talent véritable.

LOUIS-ROBERT CARRIER-BELLEUSE

ouis-Robert Carrier-Belleuse est né à Paris, le 4 juillet 1848. Cette tête est aussi énergique que celle du père, le sculpteur de talent que le monde artiste connaît si bien. Franc d'allure, c'est un peintre qui est *pschutt* comme son père a toujours du *chic*. Il n'est pas besoin pour ces types-là qu'ils vous offrent leur carte de visite pour qu'on sache leur profession. Le mot artiste est écrit en toutes lettres sur leur front intelligent.

Le jeune Carrier-Belleuse a été élève de son père, de Cabanel et de Boulanger.

En 1870, il exposa son premier tableau, *la Lettre*; en 1871, il se fit soldat, fit la guerre contre les Allemands et contre la Commune.

En 1875, il reprit ses travaux et exposa *Curieuses et Curiosités*, charmante toile représentant des dames dans un cabinet d'antiquaire, regardant des bibelots. Cette toile se trouve chez un armateur de Liverpool. Au com-

mencement de 1877, il entra dans la maison Deck, à Vaugirard, les grands céramistes qui obtinrent la médaille d'honneur à l'Exposition universelle de 1878, et pendant qu'il collaborait avec eux, il aidait son père pour ses dessins artistiques.

En 1881, il exposa *Une remise de marchande des rues aux Halles* (récompensé). Ce tableau se trouve chez M. Paul Mahu.

En 1882, il n'a pas exposé, il a été à Lourdes pour faire les études d'un panorama.

En 1883, il a envoyé au Salon deux tableaux bien parisiens : *Un salon de modes* et *les Bitumiers*, d'un merveilleux effet.

Carrier-Belleuse mérite l'attention, car ses aptitudes sont multiples. Il entra à treize ans dans un atelier de bronzier et passa par la filière : ciseleur, fondeur, etc. Quand il fréquentait les cours du soir de l'École des Beaux-Arts, il avait passé sa journée au travail chez Barbedienne. Ce vaillant gagnait déjà sa vie à quinze ans ! Il a plus d'une corde à son arc, il peut tout réussir : peinture, sculpture, art industriel. Au concours de Sèvres de 1882, il envoya un *Projet de jardinière, milieu de table*. Ce projet fut acheté par le gouvernement pour la manufacture de Sèvres. Sur vingt-sept projets deux seulement furent acquis.

Carrier-Belleuse est un excellent coloriste.

JEAN-ANATOLE LANGRAND

EAN-ANATOLE LANGRAND est né le 3 novembre 1852, à Bruxelles. Grand garçon brun, teint mat, aspect triste ; un songeur et un piocheur qui s'est déjà fait connaître. Naturalisé Français, il étudia d'abord le droit qu'il abandonna pour la peinture. Il est élève de Dubufe, Mazerolle et Harpignies ; mais il ne suivit pas longtemps les leçons de ces maîtres, il lui fallut pourvoir à son existence, des revers de fortune l'ayant profondément atteint. Il collabora à l'*Art* et autres journaux illustrés et il fut nommé professeur à l'École nationale des Arts décoratifs. Mazerolle se l'adjoignit pour la décoration du Théâtre-Français (plafond).

Ses débuts au Salon datent de 1877, il donna *Un intérieur d'atelier*, que nous avons bien reconnu, c'est celui de Guillaume Dubufe ; il exposa ensuite *Saint Jean* (1878) ; *Idylle* (1879) ; le *Portrait de sa mère* (1880). L'année suivante il n'exposa pas, ayant eu à exécuter des travaux de décoration sur place. En 1882, il donna une toile importante commandée pour l'église de Nicole près d'Agen : *Martyre de saint Symphorien*, dont voici la donnée :

> Vers l'an 178, sous le règne de Marc-Aurèle, saint Symphorien fut martyrisé à Autun dans les Gaules. Fils d'une famille noble et chrétienne, il refusa l'encens aux idoles, fut condamné à mort et marcha au supplice, encouragé par sa mère qui l'exhortait en disant : « Mon fils, mon cher fils Symphorien, souvenez-vous du Dieu vivant et montrez-vous courageux jusqu'à la fin. Élevez votre cœur vers le ciel et considérez celui qui y règne. Ne craignez point la mort qui vous conduit à la vie éternelle. »

Au Salon de 1883, il a envoyé *la Salle des hommes (Asile et maison de retraite pour les vieillards dirigé par les petites sœurs des pauvres* de la rue Notre-Dame-des-Champs).

Il a donné aussi une étude pour un tableau qu'il compte exposer en 1884.

Langrand est un artiste méritant.

EUGÈNE THIRION

ugène-Romain Thirion est né à Paris. La boîte frontale est vaste, le visage est régulier, distingué, sympathique; la ride de la réflexion est creusée profondément entre les arcs sourciliers; teint mat. C'est un coloriste hardi, puissant, enclin cependant vers les colorations poétiques comme elles conviennent aux sujets tirés de la tradition biblique. Son livre, c'est la Bible, quelquefois le Coran ; ce n'est pas lui qui sacrifierait un seul instant à toucher à la littérature réaliste qui ne l'impressionnerait jamais. C'est un penseur et un peintre religieux du plus grand caractère. Élève de Picot, Cabanel et Fromentin. En 1864, il fut lauréat de l'Institut. Sa première exposition date de 1861, depuis il exposa chaque année avec succès. Ses principaux ouvrages sont : *Marie l'Égyptienne ; Saint Sylvain, martyr ; le Lévite d'Éphraïm ; Saint Paul et saint Antoine ; les Martyrs chrétiens dans le cirque.* Il fut médaillé en 1866, 1868 et 1869, et sa notoriété n'a fait que grandir depuis. En

1872, il décora l'église de la Trinité, chapelle de Saint-Joseph, et fut nommé chevalier de la Légion d'honneur. En 1873, il donna *Judith victorieuse :* la belle Béthulienne, aux yeux ardents, revient apporter la tête d'Holopherne à ses compatriotes assiégés ; puis *Saint Sébastien*, toile magistrale, pathétique, le martyr est puissamment traité ; la scène se passe au milieu d'un crépuscule qui donne une majesté plus grande encore à la tête du martyr qui regarde le ciel en rendant le dernier soupir.

Thirion est digne des maîtres anciens. Que dire de son imposante *Jeanne d'Arc écoutant ses voix ?*.... « Une autre fois, elle entendit encore la voix, vit la « clarté, de nobles figures dont l'une avait des ailes et « semblait un sage prud'homme, il lui dit : Jeanne, va « au secours du roi de France et tu lui rendras son « royaume. » (MICHELET, *Jeanne d'Arc.*) Quelle grandeur dans cette composition ! Il a collaboré avec Baudry à la décoration de l'hôtel Païva et a exécuté divers portraits remarquables.

Il obtint une deuxième médaille à l'Exposition universelle de 1878. Ses dernières œuvres sont : *Portrait de Mme H...* ; *Portrait des enfants du vicomte de B...* (1879) ; *la Muse Euterpe* ; deux panneaux décoratifs pour le ministère de la guerre : *la France armée présentant la paix* ; *la Force protégeant le droit* (1880) ; *Orientale* (1881) ; *Portrait de Mme L...* ; *le Poète et la Source* (1882).

JEAN-PAUL LAURENS

 Jean-Paul Laurens est né à Fourquevaux (Haute-Garonne), le 29 mars 1838. Cette tête énergique et fière n'est pas de notre époque ni de notre monde. C'est une tête de moine de l'époque des croisades ou celle d'un maître ancien. On y lit force et puissance. Un homme de granit de belle stature. Il a connu la lutte, les privations, mais son tempérament courageux a vaincu les obstacles et il est arrivé à la célébrité artistique parce qu'indépendamment du talent, il a une volonté de fer.

Il étudia à l'École des Beaux-Arts de Toulouse et vint ensuite à Paris où il fut élève de Cogniet et de Bida. Il débuta au Salon de 1864 par *la Mort de Caton d'Utique*; de 1865 à 1868, il donna *la Mort de Tibère; Hamlet; Après le bal; Moriar! Jésus et l'Ange de la mort;* son *Portrait; le Souper de Beaucaire*, dessin; *Vox in deserto* et *Portrait de M. Ferdinand Favre*. En 1869, *Jésus guérissant un démoniaque; Hérodiade et sa fille*, et fut médaillé. En 1870, *Jésus chassé de la synagogue* et *Saint Ambroise instruisant Honorius*.

En 1872, il obtint une médaille de 1re classe pour *la Mort du duc d'Enghien*, vigoureuse page de l'histoire moderne ; *le Pape Formose et Étienne VII* exposé au même Salon, prouvèrent que le peintre n'abandonnait nullement l'époque plus reculée, succès non moins retentissant. Puis vinrent *la Piscine de Bethsaïda* et *Saint Bruno refusant les présents de Roger, comte de Calabre* (1874), toile de grand caractère qui fit comparer le peintre à Masaccio et lui valut la croix de la Légion d'honneur. Qui ne se souvient de ces tableaux puissants : *'Excommunication de Robert le Pieux* et *l'Interdit* (1875)? scènes superbes : toute la cour, tous les serviteurs ont fui, la reine reste seule auprès de son époux dans le palais désert. *François Borgia* et le *Portrait de l'auteur* (1876). « Après les funérailles de l'impératrice Isabelle, François Borgia fait ouvrir le cercueil afin de reconnaître le cadavre de sa souveraine, à la vue de ce visage autrefois si plein d'attraits, à présent défiguré... » Il obtint la médaille d'honneur en 1877 pour son *État-major autrichien devant le corps de Marceau*, ce tableau a rendu le peintre célèbre. Ce fut son second sujet pris dans l'histoire moderne. En 1878, ce tableau figura avec d'autres à l'Exposition universelle et le maître fut nommé officier de la Légion d'honneur. En 1879, il exposa *la Délivrance des emmurés de Carcassonne*, scène imposante tirée de B. Hauréau ; *Bernard Délicieux et l'Inquisition albigeoise*, acquis par l'État, et des dessins pour une édition des *Récits des temps mérovingiens* d'Augustin Thierry : *Chloter et Ingonde; Funérailles de Chloter; Haribert répudie Ingoberthe; Mariage de Sighebert*. En 1880, *le Bas-Empire, Honorius ; Portrait de Mlle T...;* en 1881, *l'Interrogatoire*, galerie de M. Tretiakoff ; *Portrait de Mme la comtesse R...* ; en 1882, troisième excursion dans l'histoire moderne : *les Derniers moments de Maximilien, empereur du Mexique; Portrait de M. Auguste Rochin*, et des peintures d'un coloris puissant exécutées à l'église Sainte-Geneviève : *Sainte Geneviève à son lit de mort;* (*Funérailles de sainte Geneviève*. J.-P. Laurens vient d'exécuter un admirable *Portrait de Bogoluboff,* le maître russe. Maintenant qu'il est arrivé au sommet de l'art, restera-t-il le peintre de l'Église au moyen âge ou prendra-t-il pour objectif les grandes scènes de l'histoire de France ? Nous penchons pour la deuxième manière. Les dessins faits pour les œuvres d'Augustin Thierry sont sans doute la préface de l'avenir du peintre.

JULES BRETON

ules-Adolphe Breton est né à Courrières (Pas-de-Calais). Belle tête, front bien découvert. On dit de lui : *le peintre l'Artois*, comme on disait de Courbet : *le peintre d'Ornans*, avec cette différence que Courbet était un peintre célèbre, mais un matérialiste à tous crins, tandis que Jules Breton n'est pas seulement un maître éminent, mais encore un poète qui sait parler à l'âme. Ce rêveur est l'antipode de son frère Émile qui, lui, ne rêve que plaies et bosses et serait sur le point d'écrire un *Manuel sur l'art de casser la g..... aux casques à pointe*, ce qui n'empêche nullement, du reste, le brave commandant d'être un peintre de talent.

Élève de Devigne et de Drolling, Jules Breton exposa pour la première fois, au Salon de 1849 : *Misère et désespoir;* ce tableau et le suivant, *la Faim*, furent peu remarqués. En 1853, *le Retour des moissonneuses* fut un succès d'estime. Les années suivantes il exposa *les Glaneuses, le Lendemain de la Saint-Sébastien, Petites*

paysannes consultant des épis ; puis, *la Bénédiction des blés en Artois, le Rappel des glaneuses, le Soir.* Déjà, à cette époque, Paul de Saint-Victor disait de Jules Breton : « Il atteint sans effort la poésie de l'églogue. « C'est une page des *Géorgiques,* traduite en patois « artésien. » Le grand Millet disait de lui : « Jules « Breton peint toujours dans le village des filles qui « n'y restent pas. » *Le Colza ; la Consécration de l'église d'Oignies* (1863) fut très admirée ; cette scène religieuse a été reproduite d'après nature. Et puis, cette charmante *Faneuse, les Vendanges à Château-Lagrange* et la *Gardeuse de dindons* (1864). L'année suivante, *la Fin de la journée* et *la Lecture,* qui le sacrèrent, avec Millet, maître de la peinture rustique.

En 1867, le peintre fut acclamé par la critique entière, et, en 1868, *la Récolte des pommes de terre* et *l'Héliotrope* eurent le plus vif succès. Les autres œuvres du maître sont : *Un grand pardon breton, les Mauvaises herbes* (1869); *les Lavandières des côtes de Bretagne, Fileuse* (1870); *la Fontaine, Jeune fille gardant les vaches* (1872); *Bretonne* (1873); *la Falaise* (1874); *la Saint-Jean* (1875), tableau célèbre.

En 1877, *Une glaneuse*, avec ces vers charmants :

> ... Les cheveux dans le vent,
> Se mêlant à la glane,
> Voici la grande Jeanne
> Au corps souple et mouvant.
> . . . .

> O Cérès de la Gaule,
> Aux feux de messidor,
> Comme les épis d'or
> Font bien sur ton épaule!
>
> Tu descends le talus,
> Tu pars, ô belle Jeanne,
> L'œil suit encor ta glane
> Mais il ne te voit plus.

En 1878, il reçut à l'Exposition universelle une ovation véritable; il fut sacré, l'un des premiers parmi les premiers de l'Europe; les critiques français et étrangers furent unanimes à saluer la gloire du grand peintre de la vie rustique, dont la réputation n'a fait que s'accroître sans cesse. Ses œuvres plus récentes sont : *Portrait de Mme ****; *Villageoise* (1879); *Portrait de Mme C. G...* (1880); *Femme de l'Artois* (1881); *le Soir dans les hameaux du Finistère* (1882).

Jules Breton est un poète remarquable; il a publié un recueil de poésie : *les Champs et la Mer.*

Voici les étapes de la gloire artistique du maître : Médaille de 3e classe en 1855 (Exposition universelle); 2e classe (1857); 1re classe (1859); rappel 1861; chevalier de la Légion d'honneur (1861); médaille de 1re classe en 1867 (Exposition universelle); officier (1867); médaille d'honneur (1872).

MAXIME LALANNE

RANÇOIS-ANTOINE-MAXIME LALANNE est né à Bordeaux, le 27 novembre 1827. L'œil vif, barbe en brosse, ce petit homme est un grand artiste qui ne compte plus ses succès. Il est très populaire dans le monde artistique, c'est de plus un érudit dont le *critérium* est sûr en ce qui concerne le monde des arts.

Élève de J. Gigoux, il fit ses débuts au Salon de 1852 par une exposition d'admirables fusains et eaux-fortes. Dans sa carrière, jamais homme n'a été plus travailleur que lui. On le voit s'occuper tour à tour et parfois simultanément à graver des planches pour la *Société des aqua-fortistes*, l'*Illustration nouvelle* de ce brave Cadart, la *Gazette des Beaux-Arts*, l'*Art*, etc.

Il a orné d'eaux-fortes d'après nature le livre *Chez Victor Hugo* (1864) et le *Billard* (1866). Il exécuta une série de magnifiques *Vues de Paris* en 1866 et 1867, douze croquis d'après nature pris aux bastions pendant le siège de Paris 1870-71, des dessins sur bois dans l'*Illustration,* le *Monde illustré* et *Paris-Guide* (1867). Tous ces dessins, si recherchés aujourd'hui, ont fait la fortune de bien des éditeurs.

Il a publié en 1869 un savant *Traité de gravure à l'eau-forte,* texte et planches ; le *Fusain* (1869), brochure didactique ; *la Pantotypie* avec soixante-quinze fusains reproduits par ce procédé. Depuis, Lalanne n'a jamais cessé sa collaboration à la belle publication *le Fusain* éditée avec tant de soin par notre ami et éditeur E. Bernard.

Lalanne a obtenu trois médailles aux Salons de 1866, 1873 et 1874, deux médailles aux Expositions de Vienne et de Philadelphie. Il a été décoré de la Légion d'honneur en 1875 et tout le monde artistique a accueilli avec la plus grande faveur cette récompense tardive honorant un grand artiste.

CAROLUS DURAN

arolus Duran est né à Lille, le 4 juillet 1837. Quelle tête puissante et que de force dans cet ensemble si fier et si dominateur! C'est un Velasquez descendu de son cadre. Le regard droit, les muscles sont d'acier, et quand le peintre est énervé par des heures passées devant son chevalet, pour se retremper, il va faire des armes dans quelque salle d'escrime où il étonne les meilleures lames par son sang-froid, sa souplesse et sa vigueur, ou bien il enfourche un grand cheval de race et va faire un tour au Bois. Quelle forte organisation! Ce maître trouve encore le temps d'aller aux premières représentations, de rendre des visites et de faire de la musique jusqu'à l'aube, quand la maison lui plaît.

En 1861, il vint à Paris, pensionné par son département, et partit ensuite pour Rome; il s'enferma pendant six mois dans le couvent de Saint-François, à Subiacco, où il vécut de la vie contemplative des moines. C'est dans cet asile de la prière qu'il peignit *la Prière du soir* (Salon de 1865) et *l'Assassiné*, qui figura avec le *Portrait de M. Ed. Reynart*, au Salon suivant, et fut médaillé (musée de Lille); il se rendit ensuite en Espagne, étudia les maîtres espagnols et exposa, en 1868, *Saint François d'Assise*. Médaillé en 1869 et 1870, il fut fait chevalier de la Légion d'honneur en 1872, reçut une deuxième médaille en 1878, fut nommé officier en 1878 et reçut la médaille d'honneur en 1879.

Les principales œuvres de ce maître, si universellement admiré, sont : *Jules Claretie, Ph. Burty, de Lescure, Falguière, Vigeant, Haro, Dr Billard, les Enfants de l'auteur*, celui de notre regretté maître *Émile de Girardin, Gustave Doré, Mme Vandal, Gloria Mariæ Medicis*, vaste plafond destiné au musée du Luxembourg; *Mme Feydeau, la Dame à l'éventail rouge, Mme de Pourtalès, Au bord de la mer* (Trouville), *Mlle Croisette, Dans la rosée, Étude de nu, Fin d'été, Un futur doge* (enfant vénitien, XVIe siècle) (1881); *la Mise au tombeau*, toile qui fut discutée, mais a prouvé que le peintre savait faire autre chose que des figures contemporaines et que, s'il est un des premiers portraitistes de notre époque, il peut aborder aussi la peinture religieuse.

Carolus Duran a exposé, cette année, *le Portrait* de la charmante Mme *Hellmann* et *Une vision*, tableau d'un coloris éblouissant, mais dont la composition est fort discutée.

ALEXANDRE PROTAIS

AUL-ALEXANDRE PROTAIS est né à Paris en 1826. Cet illustre est si bien inféodé à l'armée qu'il a le type de ces vaillants généraux qui ont brillamment combattu. Il est vrai qu'il faut aussi combattre et se signaler dans la mêlée de l'art pour arriver au rang occupé par ce maître. Quelle belle tête ! que de distinction dans l'ensemble ! Protais, qui a fait la campagne d'Italie, celle de Crimée et a peint l'histoire militaire de la France de 1855 à 1882, n'a qu'une pensée, celle de pouvoir un jour peindre une nouvelle page de la future histoire militaire de la France, page retraçant une glorieuse bataille. Le maître est triste depuis 1870. A quand le rayonnement de la satisfaction patriotique ?

Protais a été élève de Desmoulins ; il suivit ensuite le drapeau tricolore en Crimée et en Italie. Il a exposé sa belle *Bataille d'Inkermann* en 1857, la même année *le Devoir, la Mort du colonel de Brancion*, au musée de

Versailles; en 1859, *la Dernière pensée* et *la Prise du Mamelon-Vert,* au musée de Versailles ; en 1861, *la Brigade du général Cler, sur la route de Magenta, Passage de la Sessia, Une marche le soir, Sentinelle, Deux blessés ;* en 1863, *le Matin avant l'attaque, le Soir après le combat, Retour de la tranchée.* Ces trois superbes toiles sont populaires et ont établi la célébrité du peintre militaire. Le dernier de ces tableaux est au musée de Marseille. En 1864, *Passage du Mincio, la Fin de la halte,* au musée de Toulouse. En 1865, *le Retour du vainqueur* et cette toile puissante : *Un enterrement en Crimée.* L'année suivante, *Soldat mourant* et *Bivouac.* De 1867 à 1870, *le Retour dans la Patrie, la Grand'halte, la Prière à bord,* au musée de Toulon ; *le Percement d'une route, Une mare, la Nuit de Solferino, En marche !*

En 1872, le génie de Protais abandonne la gloire militaire et retrace les tristes pages *Prisonniers, la Sépation;* puis il revient à d'autres épisodes moins lugubres pour sa grande âme : 1873, *le Repos ;* 1874, *Une alerte, Metz ; Gardes françaises* et *Gardes suisses ;* son immortelle *Garde du drapeau, souvenir de l'armée de Metz* (1876); *Passage de rivière* (1877) ; *6 août 1870, Cuirassiers en réserve* (1878) ; *le Drapeau et l'Armée* (1881), pour une salle du ministère de la guerre ; *A l'aube* (1882) ; *Marche* (1883).

Protais a reçu les récompenses suivantes : troisième médaille en 1863, médailles en 1864 et 1865, chevalier

de la Légion d'honneur en 1865, officier en 1877, médaille de 3ᵉ classe à l'Exposition universelle de 1878.

Protais comme Yvon a devancé les peintres militaires de la génération nouvelle : il a aimé poétiser le soldat, les obscurs, les inconnus qui cachent de grands cœurs sous leurs capotes de simples soldats. Autrefois on poétisait les états-majors seulement, maintenant on n'imite ni Van der Meulen ni Horace Vernet, on retrace les hauts faits des troupiers et des cavaliers non gradés ; le courage militaire n'a pas toujours besoin de galons. Protais a toujours été un pinceau magistral et empoignant, il aime suivre les succès de ces jeunes qui s'appellent de Neuville, Henri Dupray et Detaille et il est heureux de la direction qu'ils suivent.

HECTOR HANOTEAU

Ector Hanoteau est né à Decize (Nièvre), en mai 1823. Regard scrutateur, qui doit sonder la nature comme un juge d'instruction regarde son patient. Belle tête sur laquelle le travail a laissé sa trace. On aime voir ce visage sympathique, franc, gai et ouvert; tout est agréable chez le peintre, jusqu'à sa vive coloration qui fait contraste avec la crinière et la barbe poivre et sel. On a soixante ans, mais on est toujours jeune et chaque jour plus enthousiaste de l'art qu'on infuse à petites doses à son prince héritier qui, lui aussi, est fou de peinture.

L'atelier du maître est très intéressant. On y voit un tableau qu'Hanoteau exécuta à l'âge de vingt ans, en collaboration avec Courbet. Partout des esquisses puissantes, des animaux, du paysage. Ici son buste, par E. Cougny; là une *Vierge*, de Van Dyck, qu'il découvrit dans un vieux château de la Nièvre.

Élève de J. Gigoux, il exposa, en 1847, *Un paysage des environs de Compiègne;* quatre paysages en 1848. De 1849 à 1864, date de sa première médaille, il exposa *Une étude; Une cabane aux Fontaines-Noires; le Bon Samaritain* (musée de Nevers); *Rendez-vous de chasse dans les bois de la Machine; la Moisson dans le canton* de *Fourds*; puis *Un campement arabe sous les murs de Laghouat*, qu'il était allé prendre en Algérie; *Étang dans le Nivernais*, acheté par le roi de Portugal; *Matinée sur les bords de la Canne* (Nièvre); *les Prés de Charancy*; *les Environs de Saint-Pierre-le-Moutier*; *Matinée de pêche aux bords de la Canne*; *la Nourrice du pauvre* (musée de Nevers); *Chevaux libres dans les bois du Nivernais*. En 1864, il fut médaillé pour *le Paradis des oies* (musée de Marseille), et le roi des Belges acheta *la Hutte abandonnée*, médaille tardive obtenue après cinq mentions. C'est qu'à cette époque on était sévère et on ne jetait les médailles à la tête de personne.

Ses autres œuvres sont : *Un coin de parc*; *les Heureux de l'ouverture*; *le Lièvre aux écoutes*; *Une partie de pêche*; *le Soir à la ferme*; *le Garde-manger des renards d'eau* (1868), succès considérable et troisième médaille; *les Roseaux*; *la Passée du grand gibier*, autre médaille (1869); *l'Appel*, et *la Mare de village*, succès retentissant : ce tableau fut acquis pour le Luxembourg, et Hanoteau reçut la croix de la Légion d'honneur. En 1870, *la Chaumière*; puis, *le Poirier de messire Jean*; *la Hutte des charbonniers*; *les Bois coupés*; *le Chèvrefeuille*; *les Grenouilles* (musée du Luxembourg); *les Biquets*; *l'Eau qui rit*, toile merveilleuse de poésie et de finesse; *la Victime du réveillon*; *l'Eau dormante*; *Portrait de Mme P...*; *l'Étang boisé* et *Mon jardin*; *En automne* et *Binage*.

ÉDOUARD-HIPPOLYTE MARGOTTET

DOUARD-HIPPOLYTE MARGOTTET est né à Saint-Quentin (Aisne), le 24 mai 1848. Tête énergique, grande puissance d'observation, travailleur ; il est de force à brosser jusqu'à trois études dans une seule journée, il travaille par goût et par tempérament. Ils sont tous comme cela dans les ateliers du 152, rue de Vaugirard. On ne perd pas de temps dans cette impasse Ronsin où Raphaël Collin et Steinheil ont aussi établi leur quartier général. On travaille rudement dans ce quartier retiré, parce qu'il faut arriver et que les importuns ne viennent pas souvent visiter cette oasis d'artistes et déranger de leurs travaux ces vaillants. Les trois amis vont bien de temps à autre aspirer l'atmosphère embaumée du café de La Rochefoucauld, pour étudier de près les types des mystères de Paphos et de Cythère, mais ils ne s'y éternisent pas. On a de la tenue, et le tabac caporal, même fumé par ces dames, fait tousser.

Margottet est élève de Pils. Il s'est confiné dans le portrait et la nature morte; on croit qu'il entrera bientôt dans une voie nouvelle, son tableau de cette année le fait pressentir.

Sa première exposition est celle de 1869; elle est intitulée : *Portrait de ma mère.*

En 1878, deux portraits réussis : *Noël Martin du théâtre de l'Odéon* et *Gustave Aymard;* 1872, *Souvenir de 1870* et *Un coin d'atelier* (nature morte); 1873, *Portraits de M*^{me} *et M*^{lle} *T...;* 1875, *Portrait de M*^{lle} *A. P...;* 1877, *Portrait de mon ami Leprévost;* 1878, *Un plat de pommes* (nature morte); 1879, *Portrait de M. D...* et *Portrait de M. G...*

Salon de 1880 : *Portrait de M. Saint-Martin, député de Vaucluse,* qui fut remarqué, et *les Grenades* (nature morte); 1881, *Portrait de M. N..., enfant;* 1882, *Portrait de M. C...*

Cette année, Margottet expose *la Fête du grand-père,* et c'est une fête pour ses amis.

ERNEST DE LIPHART

E BARON ERNEST DE LIPHART est né à Dorpat (Russie). Fils d'un collectionneur bien connu, M. Charles de Liphart, il a grandi dans un véritable musée.

A Florence, il commença la peinture sous la direction de Lenbach. Le comte Schack envoya Lenbach et de Liphart en Espagne, pour y faire des copies.

De Liphart ne se pardonnera jamais de ne pas s'être fixé de suite à Paris pour y continuer ses études, au lieu d'aller s'établir à Venise où Tiepolo l'attirait.

La commande d'une copie au Louvre, le *Charles Ier* de Van Dyck, le fit venir à Paris. Cette copie terminée, il exposa depuis chaque année au Salon avec un égal insuccès. Enfin, il fut présenté au peintre Jacquet qui s'intéressa à lui, le recommanda au directeur de la *Vie moderne,* journal dans lequel il réussit à se faire une réputation de portraitiste à la plume. Jacquet l'aidant de ses conseils, lui fit faire de rapides progrès dans la peinture, progrès dont on pourra juger cette année au Salon.

Somme toute, le baron de Liphart est devenu un peintre de talent et un dessinateur très apprécié du monde des arts. Ses dessins à la *Vie élégante,* notamment *Alexandre Dumas fils chez lui,* ont fait sensation.

A l'Exposition des artistes russes, qui eut lieu à Paris en 1882, il donna : *Une jeune fille en prière,* le visage est charmant de grâce enfantine, une chevelure blonde tombe négligemment sur les épaules de l'enfant aux yeux bleus; une charmante toile intitulée *Jeune femme à l'éventail rouge,* gracieuse figure souriante et dont la bouche encadre une denture de nacre ; une autre *Étude de jeune fille; Une vieille dame,* bien ridée et bien ravagée par cet impitoyable démolisseur qui s'appelle le temps, faisait contraste avec ces jeunes visages.

Au Salon, il a envoyé, en 1879, *Derby olympien* et *Une terrasse à Florence,* puis un *Portrait à la plume de Mlle C. D...*; en 1880, *la Science* et deux portraits à la plume : celui de *Victor Hugo* et celui de *Verdi*; en 1881, le *Portrait de Mme Z...* et les *Traînards;* en 1882, *Bébé et le paon, Portrait de M. de L...* et deux dessins ravissants : *Encadrement pour la « Vie élégante »,* de M. Decaux, et *Encadrement pour les « Actrices de Paris »,* de MM. Launette et Decaux.

Son exposition de 1883 est un succès incontestable.

GUILLAUME DUBUFE

UILLAUME DUBUFE est né à Paris, le 16 mai 1853. Blond, aspect un peu féminin, les yeux bien renfoncés sous leur orbite, la bosse frontale caractéristique, tout chez le jeune peintre indique l'intelligence et la réflexion. Cette tête vous empoigne, on sent qu'il y a là un tempérament, un fort, un courageux, destiné à un avenir certain, et qu'il sera digne d'Édouard Dubufe son père, qui est arrivé à la gloire artistique.

Parmi les collections réunies dans l'opulent atelier du jeune peintre, il y a un joli portrait de lui à neuf ans avec la signature Gounod et cette adorable dédicace :
« Tu sais que le crayon de ton papa a passé par là et
« que le mien est dans le cinquième dessous. Au moins
« on ne dira pas que je t'ai joué un trait. — Après tout,
« cette fusion de ma main dans la main paternelle est
« le meilleur symbole de notre tendresse unique pour
« toi. »

Il a débuté à l'atelier de Mazerolle en septembre 1872; il exposa pour la première fois, en 1877, une *Mort d'Adonis*, une étude nue; *Jeune fille à la cruche*, aujourd'hui au musée de Rouen, et deux aquarelles, ce qui lui valut une médaille de 3e classe. Il obtint une médaille de 2e classe en 1878, avec une étude nue encore et une *Sainte Cécile* demi-archaïque et demi-moderne qui tient une belle place au musée de Clermont-Ferrand et le mit cette fois hors concours.

En 1882, il a exposé un grand diptyque : *la Musique sacrée* et *la Musique profane*, travail qui l'a occupé pendant près de trois années. Par suite d'un arrangement fait avec la direction des Beaux-Arts, ce grand diptyque fera partie d'un ensemble décoratif projeté par Charles Garnier pour la reconstruction du Conservatoire de musique.

Dubufe aime passionnément sa chère peinture et particulièrement l'art décoratif appelé selon lui à un bel avenir, il croit beaucoup en la beauté et un peu en lui, il déteste les faux dieux d'un naturalisme malsain et il combattra courageusement pour sa croyance et ses amours!

Cette année, il a envoyé au Salon le portrait de sa fillette, qui est d'une facture bien remarquable.

HENRI PILLE

harles-Henri Pille est né à Essomes (Aisne), le 4 janvier 1844. Un piocheur, la tête penchée, un peu de tristesse dans ce fauve si apprivoisé aux finesses de l'art. Le regard est puissant, c'est un silencieux qui s'ignore lui-même.

Élève de H. Barrias, il débuta au Salon de 1865 par *Bartholomé Van der Helst*. Il donna en 1866, *Jean Frédéric, électeur de Saxe, prisonnier de Charles-Quint, jouant aux échecs et continuant sa partie, au moment où le duc d'Albe lui annonce sa condamnation à mort;* en 1867, *les Noces de Rosa;* en 1868, *Sibylle de Clèves haranguant les défenseurs de Wittemberg*; en 1869, *Un coin de marché à Munich* et *Intérieur flamand au xviie siècle,* qui lui valut une médaille; en 1870, *Sancho racontant ses exploits à la duchesse* et *Un cabaret à Todnau;* en 1872, *l'Automne,* scène sentimentale entre deux époux qui se souviennent de leur printemps. Pour cette toile remarquable, au fini merveilleux de vérité et de poésie, Pille reçut une deuxième médaille et fut mis hors concours.

La vogue de Pille n'a fait que grandir depuis. Sa manière est vraie, calme, honnête, distinguée, il voit juste et parle peu de lui-même. Les dernières œuvres de l'éminent artiste sont : *Don Quichotte* (1879); *le bois de la Saudraie* (1880); *Trois cruches* (1881); *Gustave Jundt* (1882), une merveille de vérité et de distinction. Cette année, un intéressant *Corps de garde*.

Le nom de Pille est populaire dans tous les ateliers, ce qui indique qu'il n'est pas seulement un peintre éminent mais encore un excellent camarade qui n'a ni cette morgue ni cet air suffisant, signes indélébiles des petits esprits. Il ne pose pas au grand homme et ne pontifie jamais.

CHARLES-EDMOND YON

HARLES-EDMOND YON est né à Paris en 1836. Grand, vigoureusement charpenté, mâle visage, ce peintre et ce graveur si distingué est adoré de ses camarades. Nature droite, à la chaleur communicative ; il est indifférent à toutes les chapelles et coteries, va droit son chemin, respectueux pour les talents véritables, dédaigneux pour les réputations tapageuses et surfaites.

Il étudia le dessin et la gravure sous la direction de Pouget et Lequien. Il exposa une quantité de dessins, de bois, d'eaux-fortes, d'après J.-F. Millet, Van der Meulen, G. Brion, Anastasi, Corot, Courbet, Breton, Daubigny, etc., qui sont aujourd'hui très recherchés par les collectionneurs et surtout par les éditeurs. Il a montré qu'il savait faire autre chose. Ses paysages sont excellents et bien observés et ont été médaillés en 1875, et deuxième médaille en 1879. Pour la gravure sur bois.

il a reçu une deuxième médaille en 1872 et une troisième médaille en 1874.

Ce paysagiste sincère et intéressant a donné les œuvres suivantes : en 1867, *Un chemin à Vélizy ;* en 1870, *les Buttes-Montmartre en 1870 ;* en 1873, *Bords de la Seine près de Montereau ; les Alouettes ;* en 1874, *Un matin ;* en 1875, *Bras de Seine,* paysage fort remarqué ; les années suivantes : *la Seine près de Gravon, le Morin à Villiers ; Avant la pluie ; le Bas de Montigny ; Bords de la Marne,* qui firent sensation ; *le Canal de la Villette, hiver de 1879-80 ; Villerville ; les Marais de Criquebœuf près Villerville ; la Rivière d'Eure à Acquigny ; la Saint-Marc à Varengeville-sur-Mer.*

En 1883, il a exposé *la Rafale,* toile étonnante de force et de grandeur, qui fait sensation au Salon et a valu à Yon les plus chaleureuses félicitations de la presse.

GUSTAVE JACQUET

ean-Gustave Jacquet est né à Paris en 1846. C'est une de ces têtes qui frappent par la puissance et la correction de l'ensemble. Le front bien découvert, visage attrayant, sympathique, barbe en pointe, nez d'aigle. Celui qui a peint avec tant de force les soudards du XVIe siècle a été comme eux à la guerre, s'il n'a pas porté la hallebarde ou le mousqueton, il a tenu le chassepot à la Malmaison et s'en est fort bien servi contre les envahisseurs de la patrie en 1870. Franc-tireur de la Seine, il n'a pas marchandé sa vigueur et son courage quand il a fallu montrer aux Teutons que les Parisiens sont toujours des soldats de race. Charmant causeur, très mondain, Jacquet monte à cheval comme Carolus Duran, Aimé Morot et de Clermont-Gallerande.

Élève de Bouguereau, il exposa pour la première fois en 1864. Ses premiers tableaux sont : *la Modestie et la Tristesse; Portraits de MM. Guillemin en costume du*

XVIᵉ siècle et J. Jacquet ; puis l'*Appel aux armes au XVIᵉ siècle* et le *Portrait de Mˡˡᵉ Mengozzi*, toiles qui firent dire à Ed. About : « Jacquet est un artiste inconnu hier qui sera célèbre demain. » Ce lendemain fut aussi *Sortie d'armée* (1868), qui lui valut une médaille. Cette sortie de lansquene's fut acquise par l'État, elle se trouve au château de Blois. En 1869, il exposa : *Jardin à Lesmaes* (Finistère) et la *Judice* ; en 1872 *la Femme à l'épée*, toile qui fit sensation ; les années suivantes : *Grande fête en Touraine vers 1505*, *l'Atelier mystérieux* ; en 1875, *Halte de lansquenets* et *la Rêverie*, cette dernière toile lui valut une première médaille.

Ses œuvres suivantes sont : *Paysanne*, *Portrait de Mᵐᵉ Jacquet* (1876) ; *la Pauvrette* ; *Jeanne d'Arc priant pour la France* (1878), toile d'un aspect grandiose, qui lui valut une troisième médaille à l'Exposition universelle. En 1879, il donne *la Première arrivée*. Cette année il fut nommé chevalier de la Légion d'honneur. En 1880, son délicieux *Menuet* et *Portrait de Mᵐᵉ V...* ; en 1882, cette superbe *France glorieuse* et le beau *Portrait de Mᵐᵉ la comtesse de Brigode*.

Jacquet est aujourd'hui l'un des meilleurs parmi les meilleurs maîtres de la nouvelles génération. C'est un des plus forts collectionneurs d'armes anciennes.

JULIEN DUPRÉ

ULIEN DUPRÉ est né à Paris en 1851. Figure calme et méditative, au regard doux. C'est un studieux qui aime ses classiques et surtout la nature, l'*Alma mater* de tous ceux qui tiennent un pinceau. Il y a beaucoup de philosophie chez ce songeur éclectique qui cultive tous les genres et peint des animaux superbes, mais ne répète pas deux fois les mêmes types avec la même expression, car pour lui, si un nègre ressemble souvent à un autre nègre, un taureau ne ressemble pas toujours à un autre taureau.

Julien Dupré est élève de Pils, Laugée et Lehmann. Il fit ses débuts au Salon de 1876 par *la Moisson*. En 1877, il donna *les Faucheurs de seigle*; *les Lieurs de blé* (1878), forte toile bien conçue ; l'année suivante, son *Regain* lui valut une mention honorable. En 1880, il donna un tableau traité magistralement : *les Faucheurs de luzerne*, qui lui valut une troisième médaille. En

1881, *la Récolte du foin* obtint une deuxième médaille et a de suite placé le jeune peintre parmi les célébrités de l'époque. *Au pâturage* (1882) fut très remarqué.

Le peintre excelle dans tous les genres, chacun de ses tableaux est conçu d'une manière nette et très personnelle. C'est la nature prise sur le vif par un artiste sincère, mais qui sait choisir ses sujets, il répond entièrement à la formule de l'école moderne. Ses figures sont exquises de grâce, de vigueur et de fermeté. Son coloris est remarquable et on pressent en lui un des maîtres de l'avenir. Van Marcke qui est sobre d'éloges a dit en voyant le *Pâturage* : « Ce jeune peintre ira loin ! » et D. Laugée, un maître aussi lui, est déjà fier quand il présente son cher gendre Julien Dupré.

Son exposition de 1883, *le Berger*, est une toile admirable dont la critique a parlé avec force éloges.

PAUL ROBERT

AUL ROBERT est né à Paris en 1856. Ce jeune peintre a le type oriental, yeux noirs incandescents, teint mat, moustache bien fournie et d'un noir d'ébène, chevelure bouclée. Quel beau mameluck il ferait s'il quittait le veston de l'artiste pour le costume éclatant des anciens prétoriens de l'Égypte ! Figure attrayante, regard irrésistible, demandez plutôt à ces dames. A côté de cela, musicien de talent, chanteur agréable et gai comme un artiste jeune qui a du talent, et pour qui le printemps a des fleurs toujours nouvelles. Robert est un peintre de goût, Gustave Courbet l'estimait, et lui a offert une étude où on lit : *A mon ami Paul Robert, Gustave Courbet*. Il y a dans son atelier un charmant tableautin sur lequel se trouve la dédicace suivante : *A mon ami Robert, souvenir affectueux, J.-J. Henner ;* plus loin encore, une étude de Guillaumet représentant *Un cheval mourant entouré de loups*.

Élève de Guillaumet, Bonnat et Henner, il expose depuis plusieurs années et a montré qu'il avait du talent et de l'avenir. En 1879, il exposa un excellent *Portrait de M. B...*; l'année suivante, le *Portrait d'Aurélien Scholl* et celui de Mme *L. B...* En 1881, une grande toile, *Souvenir du 2 décembre 1851 :* «...L'enfant avait reçu deux balles dans la tête. » (Victor Hugo.) Cette scène dramatique est bien traitée, il y a là la mère qui pleure devant le cadavre de son cher petit. En 1882, le *Portrait de Mme H...* Son *Andromède* de 1883 est très appréciée.

ÉMILE BAYARD

MILE BAYARD est né à la Ferté-sous-Jouarre (Seine-et-Marne), le 2 novembre 1837. Barbe en pointe, figure sympathique, dessinateur hors ligne, causeur spirituel, lettré distingué.

Ce peintre a fait ses études à Sainte-Barbe. Il entra en 1853 à l'atelier de L. Cogniet et dans l'entre-temps de ses études artistiques, il exécutait de charmants dessins pour le *Journal pour rire* et l'*Illustration*. Son crayon si fin et si souple fut pour beaucoup dans les succès du *Tour du monde*, de la *Bibliothèque rose* et il illustra un grand nombre d'ouvrages édités par les librairies Mame et Hetzel.

Ses principales œuvres sont un superbe dessin intitulé *Sedan* (1870); triptyque *Exoriare aliquis nostris ex ossibus ultor* (Virgile), acquis par l'État; *Waterloo*, au Salon de 1875, acheté pour la Loterie nationale; *la Fête au château* (1878); *le Matin d'un premier début*, toile très intéressante et traitée vigoureusement; *Deux panneaux décoratifs* (1882), du plus charmant effet.

Bayard a exécuté la belle décoration du foyer du théâtre du Palais-Royal et en ce moment il s'occupe d'un travail pour lequel il a pris le goût le plus vif, c'est une illustration des œuvres de Molière.

Émile Bayard a été nommé chevalier de la Légion d'honneur en 1870.

GEORGES LAUGÉE

EORGES LAUGÉE est né à Montivilliers (Seine-Inférieure), en décembre 1853. Beau garçon bien charpenté, visage agréable, conversation vive et spirituelle, artiste jusqu'au bout des ongles.

Après avoir passé en Picardie la plus grande partie de son enfance, il vint à Paris et entra, en 1871, à l'École des Beaux-Arts. Ses maîtres furent son père, Pils et Lehmann.

Il quittait l'École en 1876. Ses débuts au Salon eurent lieu en 1877 : il donna *le Repas des moissonneurs*, qui figura aussi à l'Exposition universelle de 1878. Ses expositions suivantes sont : en 1878, *une Glaneuse* et un *portrait*; en 1879, *Arracheurs de betteraves*; en 1880, il donna un tableau très remarqué, *la Veuve*, et *A l'automne*, qui lui valurent une mention honorable; en 1881, *En octobre* et *Pauvre aveugle*. Le Jury lui accorda une troisième médaille. En 1882, *En route pour la moisson!* toile dénotant un grand tempérament de peintre et une entente parfaite de la composition.

Indépendamment des ouvrages qui ont figuré aux Expositions, il compte un grand nombre de tableaux de chevalet qui sont dans les collections particulières, tant en France qu'à l'étranger.

Cette année, Georges Laugée a envoyé au Salon : *les Premiers pas* et *le Premier-Né*, deux tableaux intéressants et finement rendus, dont la critique a parlé avec faveur

AUGUSTE FLAMENG

ARIE-AUGUSTE FLAMENG est né à Jouy-aux-Arches, près Metz, le 17 juillet 1843. Bien taillé, figure avenante à l'expression spirituelle et fine, causeur charmant et artiste admirablement doué. Il habite un palais, merveille de construction et d'arrangement à l'intérieur, il a fait un cadre somptueux d'architecture renaissance autour d'un mobilier ancien et non de fabrication équivoque. Partout des toiles de maîtres, des études puissantes et des richesses artistiques de toute sorte.

Il débuta comme fonctionnaire aux finances et il envoya bientôt promener les chiffres et leur accompagnement de réflexions budgétaires pour étudier la peinture.

Élève de Vernier, Dubufe, Mazerolle, Delaunay et Puvis de Chavannes, il fit de fortes études. Sa première exposition date de 1870 et il a exposé depuis à tous les Salons. Il a fait d'abord du paysage et s'est adonné de plus en plus à la marine. Il expose de plus, tous les ans, aux Mirlitons, au Cercle de la rue Volney et de la Seine.

Flameng, malgré sa fortune, ne fait pas de la peinture d'amateur, il travaille sans cesse, toujours à la recherche du beau et du vrai.

Ses dernières toiles importantes sont : *Un coin de mer à Saint-Vaast-la-Hougue* (Manche) et *le Verech, marée basse dans la Manche* (1880) ; *Bateau de pêche de Dieppe, la Seine aux carrières Charenton* (1881) ; cette vigoureuse toile intitulée *Sortie d'un trois-mâts au Havre* et *Goélette à quai, au Havre*, qui obtinrent un succès d'estime au Salon de 1882.

Flameng a reçu une médaille de 3e classe en 1881.

Cette année, il a exposé le *Bassin Vauban, au Havre*, et *Marée basse à Saint-Vaast-la-Hougue* (Manche), très goûtés du public.

FRANÇOIS PIERDON

RANÇOIS PIERDON est né dans le département de l'Allier, à Saint-Gérand-le-Puy.

Type d'officier de cavalerie, moustaches longues et bien relevées, une forêt de cheveux, front bien découvert, tout feu, tout flammes quand il parle de sa chère peinture, et les artistes le connaissent bien pour sa rectitude de jugement et sa bonne camaraderie.

Nous nous bornerons à rappeler qu'aux derniers Salons ses envois les plus remarqués ont été :

Les Bords d'un ravin en Bourbonnais (1879) et *le Cerisier*.

Le Petit fagot, souvenir du Bourbonnais, et une *Mare*, en 1880.

Le Vieux Moulin, en 1881.

En 1882, Pierdon expose *Une journée de calme à Mortefontaine*, paysage d'un grand mérite.

Cette année, il a envoyé un important paysage, *Un bras de Seine* (au Bas-Meudon). Cet artiste est intéressant et toujours nouveau. Pierdon est un grand touriste qui plante sa tente tantôt ici, tantôt là, et reste des mois entiers en présence de la nature. Le peintre est doublé d'un poète plein de sentiment et il adore les classiques qui ont chanté la nature.

On nous dit qu'il a commis quelques poésies remarquables et a pris pour sujets la nature et l'homme des champs, mais il est si modeste qu'il n'a jamais voulu publier des vers qui sont d'excellentes factures.

LOUIS COURTAT

ouis Courtat est né à Paris en 1847. Tête d'artiste un peu ravagée au sommet : on a travaillé, mais pour lui la chute des cheveux n'a pas été heureusement celle des espérances. Ce jeune est un bûcheur au talent aussi fin que son profil romain, et il va toujours *crescendo*. Bon voyage cher hors concours, et arrivez bientôt à ce beau ruban rouge qui est votre prochaine étape !

Élève de Cabanel, Courtat exposa pour la première fois, en 1873, *la Sieste*, qui lui valut d'emblée une médaille de 3e classe. Deuxième victoire en 1874 avec son magnifique *Saint Sébastien*, tableau médaillé. Troisième succès en 1875 avec *Léda*, qui remporta une première médaille. En 1876, il donna le *Portrait de M''e Lebrun*; l'année suivante, *Agar et Ismaël*, toile pleine de poésie et de charme et brossée de main de maître. En 1878, il exposa *le Printemps*, figure nue bien conçue, qui fut acquise par l'État et se trouve au musée du Luxembourg ; en 1879, *Ève et ses enfants*, composition remarquable par son ensemble parfait et la grâce des figures ; l'année suivante, *Nymphe*, suave ; en 1881, *Portrait de Mme S...* et une délicieuse *Petite marchande d'oranges* ; en 1882, *Odalisque* et *Portrait de Mme S...* Cette année, il a envoyé *le Réveil de Vénus*, qui établit la tendance nouvelle de son esprit qui est l'éclectisme absolu, tableau plein de lumière, à la coloration remarquable.

Courtat suit les traces de son maître Cabanel, et dans quelques années nous le trouverons à l'Institut, sa place naturelle.

LÉON DUVAL-GOZLAN

ÉON DUVAL-GOZLAN est né à Paris. Figure fine, l'esprit pétille derrière son binocle. Il est barbu et chevelu comme un méridional; mais quand on touche de si près à Gozlan, ce maître en littérature, on ne saurait devenir qu'un homme de talent, en attendant que le mérite se soit affirmé d'une manière éclatante.

Duval-Gozlan a été élève de Cabanel et de ce paysagiste vigoureux qui s'appelle Japy.

Il a débuté au Salon de 1879 par *Une ferme à Daubœuf* (Calvados), qui se trouve au château des Bruyères-Saint-Rémi (Eure), dans la collection Laubière. En 1880, il donna *Aux bords de l'Hon;* en 1881, *Dives* (Calvados), qui obtint un succès d'estime, fut placé dans le Salon d'honneur et a été acquis par M. Brisset-Fossier de Reims; en 1882, le *Port de Pont-Aven* (Finistère), *marée basse,* toile très intéressante.

Cette année, le jeune artiste expose *Sur les hauteurs à Morsalines* (Manche) et *Marée basse à Maltot* (Manche), vigoureusement enlevées. C'est une nouvelle manière que nous approuvons entièrement.

Duval-Gozlan est toujours en progrès. Dans l'entre-temps, il dessine avec goût et correction. Son paysage gagne chaque année en force et en puissance. S'il continue la voie qu'il a prise cette fois, il est certain du succès.

HECTOR LE ROUX

ector Le Roux est né le 27 décembre 1829, à Verdun. Tête très caractéristique ; sous ce vaste front des yeux pétillants de malice, crinière ondulée, barbe frisottée. Charmant homme, instruit, bien élevé, grave et sérieux quand il est devant son chevalet. Patriote, il a été gravement blessé à la Malmaison.

Élève de Picot et de l'École des Beaux-Arts, il obtint en 1857 un second grand prix de Rome, fit le voyage traditionnel.

Son premier envoi fut une copie du Titien, *l'Amour sacré et l'Amour profane* (1860), placée à l'École des Beaux-Arts. *Une nouvelle Vestale*, envoyée au Salon de 1863, fut médaillée et acquise par l'État pour le musée de Verdun ; l'année suivante il donna *Columbarium*, toile académique, acquise par l'État pour le musée du Luxembourg et qui lui valut une médaille nouvelle. En 1866, *Sérénade antique*, toile bien conçue, acquise pour le musée de Saint-Germain ; *Tibulle et Délie* furent remarqués au Salon de 1867, et Théophile Gautier

rendit compte de cette œuvre dont il fut épris ; *Messaline* (1868) ; *Un miracle chez la bonne déesse*, qui parut au Salon de 1869, fut l'objet de l'attention de Paul de Saint-Victor qui en parla avec force éloges pour l'auteur. *La Prière à la fièvre, la Gardienne du feu sacré* (1870) placèrent Le Roux parmi les peintres en vedette ; *la Vestale Tuccia* (1874) lui valut une deuxième médaille et a été acquise pour le musée de Washington.

Les autres œuvres importantes du peintre sont : *les Funérailles de Thémistocle*, Salon de 1876 ; *les Danaïdes* (1877), composition merveilleuse de finesse et de grâce. Cette même année Le Roux fut nommé chevalier de la Légion d'honneur. *Minerve Poliade sur l'Acropole*, Salon de 1878, fut également présentée à l'Exposition universelle et obtint une troisième médaille. En 1880, *École de Vestales* et *Vestale endormie* ; en 1881, *Herculanum, 23 août an 79* ; en 1882, *Pêcheurs*.

Hector Le Roux appartient à ce groupe très restreint de peintres qui dédaignent les exigences de la mode, n'abordent que la peinture académique, cherchant toujours un sujet philosophique et élevé, le beau et le vrai. Il aime la Grèce et l'Italie et exècre les fausses écoles du matérialisme ou du naturalisme. Son idéal n'est pas la vie moderne mais l'antiquité. Il préfère Horace à Zola. Ce classique a le goût sévère et délicat.

Son exposition de cette année, *Sacrarium* et *le Tibre*, offre le plus grand intérêt.

PIERRE BRUNET-HOUARD

LICENCIÉ EN DROIT

IERRE-AUGUSTE BRUNET-HOUARD est né à Saint-Maixent (Deux-Sèvres). Celui-là a aussi le feu sacré, il a quitté le droit et l'enseignement pour devenir peintre. Licencié en droit comme Maignan, il est plus que licencié ès arts. C'est un animalier remarquable qui excelle dans tous les genres. Tête puissante, figure attrayante, manières distinguées.

Il étudia la peinture sous Couture. En peinture, Brunet-Houard a toujours eu *un furieux tendre* pour les animaux. L'un des premiers tableaux qu'il envoya au Salon (1869) représentait l'intérieur d'une ménagerie au moment où les belluaires découpaient un cheval pour le repas des félins.

Sauf un *Prêtre breton allant porter le viatique*, la *Prise de Pampelune*, *Une curée dans le château de Fontainebleau*, avec l'équipage du prince de Condé, *l'École de tir de Fontainebleau* et *Un souvenir*, cheval attelé à un avant-train de canon qu'on a abandonné sur le champ de bataille, l'artiste n'a jamais peint que ses chers animaux et retracé des scènes du genre de celles qu'il a exposées au Salon dernier.

L'une représente l'intérieur d'une baraque foraine, une ménagerie dans laquelle on va faire combattre un ours et des chiens.

Le second tableau de Brunet-Houard, intitulé : *En rupture de ban*. Un des ours que le peintre nous montrait tout à l'heure dans son premier tableau, a réussi à rompre sa chaîne, quand ses deux adversaires acharnés, les énormes dogues du belluaire, ont paru bondissant et hurlant à ses côtés, et son gardien le ramène sans pitié au champ-clos qu'il a déserté.

Cette année, il a envoyé : *Son clocher*, toile excellente.

LOUIS MATOUT

Louis Matout est né en 1815, à Charleville (Ardennes). — Il n'est pas un artiste qui ne connaisse ce peintre intéressant qui, dans sa belle carrière, s'est fait remarquer par des œuvres du plus grand mérite. En voilà un qui a touché pendant bien des années aux hommes et aux choses de l'art et qui a toujours su se concilier l'estime et l'affection de tous les gradés de l'armée de l'art ! Un exemple à suivre pour les jeunes : Matout n'a jamais quitté son chevalet, et, dédaigneux du conventionnel et des petites coteries, il a passé son chemin haut la tête, trouvant que tant d'années de son travail ont été suffisamment récompensées par la croix de la Légion d'honneur qu'il a reçue en 1857 ! Il faut l'entendre causer des bonnes luttes du temps. Il ne sait pas seulement les grands faits de la peinture, mais aussi les actes et les triomphes des littérateurs, ces dignes frères des artistes, quand ils comprennent leur mission véritable.

Matout a suivi les cours de l'École des Beaux-Arts de Paris comme architecte ; il étudia sous Lenormand et Grisard. En peinture, il n'a reçu que des conseils d'Ingres et de Gleyre.

Un de ses premiers ouvrages est un tableau, *Femme arabe tuée par une lionne*, qui se trouve au Luxembourg.

Ses œuvres suivantes sont : la belle décoration du grand amphithéâtre de l'École de médecine ; la décoration de la chapelle de l'hôpital Lariboisière ; la décoration de la chapelle Saint-Gervais. Il a fait pour l'église Saint-Méry la chapelle Saint-Jacques ; pour la chapelle Saint-Louis, à l'église Saint-Sulpice, *Saint Louis rend la justice sous le chêne de Vincennes ; Saint Louis enterre les morts sur le champ de bataille de Sayète ;* un plafond quatre figures de 2^m,20 ; plafond de 15 mètres sur 3^m,50, salle des Empereurs romains à la Sculpture, *la France se met en contact avec les civilisations précédentes qui ont été une des bases de sa grandeur ;* décoration d'une chapelle à la cathédrale de la Rochelle.

Ces grandes peintures religieuses ont été exécutées avec une entente parfaite de la composition, elles étonneront un jour ceux qui voudront se rendre compte de l'ensemble des œuvres de Matout, tant à cause de la puissance de son esprit, de son sentiment poétique et religieux, de la connaissance de la tradition biblique, de son labeur incessant, que de sa valeur comme peintre.

Matout a de plus éparpillé dans les musées de province et dans diverses collections particulières un certain nombre de tableaux et quelques portraits. Parmi les tableaux, nous citerons *Une vue du lac Némi* (Rome); *Jeune ouvrière parisienne;* les *Portraits de Mme Matout*, mère de l'auteur, et celui du comte de Cossé-Brissac.

L'activité artistique de Matout est un exemple à suivre pour la jeune génération. Je sais que les sceptiques vont hausser les épaules en me lisant, ils trouveront que la peinture religieuse est trop peu rétribuée pour qu'ils s'en occupent, que les marchands de tableaux préfèrent autre chose. Je leur répondrai que tous les peintres arrivés reviennent à la peinture religieuse, que les maîtres, quand ils travaillent pour leur gloire, abordent avec respect les sujets religieux, et nous leur citerons Bouguereau, Bonnat, Jules Lefebvre, Munkacsy, Henner, Carolus Duran, Benjamin Constant et d'autres maîtres qui ne comptent plus leurs succès.

ADOLPHE STEINHEIL

DOLPHE-CHARLES-ÉDOUARD STEINHEIL est né à Paris. C'est un méditatif, un recueilli, qui connaît certes tous les pavés de l'impasse Ronsin à force de les regarder. Veut-il voir pousser l'herbe dans l'entre-deux des blocs de granit, ou les idées germent-elles dans son cerveau quand il regarde à ses pieds? Songe-t-il à la patrie de son père, à la belle Alsace souillée par le joug de l'étranger? Belle tête que celle de ce peintre toujours à la recherche du nouveau. Ce jeune est mûri par l'étude, il aime son art avec idolâtrie, et c'est auprès de son père qu'il a appris à devenir peintre.

Steinheil faisait recevoir des fleurs à l'Exposition de Bordeaux quand il était encore élève du collège d'Harcourt. Bon chien chasse de race, Steinheil est fils d'un peintre distingué et de plus il est neveu du grand Meissonier. Il est compositeur, il est dessinateur, il est coloriste.

En 1872, il exposa *l'Étudiant pauvre;* puis *la Conversation chez un peintre*, toile très intéressante; *la Recommandation; Un tribunal au xvie siècle; Retour sur le passé; Une leçon d'Abélard*, composition très importante. Le savant est représenté au milieu de ses élèves. En 1878, *le Droit d'asile* et *Recherche d'une pièce importante; Amateurs d'estampes; l'Usurier; la Mort de Richard Cœur de Lion; Un texte difficile.* En 1883, *la Famille de l'ouvrier* et *les Livres.*

Ce jeune peintre ne traite que des sujets sérieux, il le fait avec talent. C'est un peintre d'avenir, l'ami de Raphaël Collin et de Boutet de Monvel dont un accident de machine nous a empêché de publier le portrait.

EUGÈNE LAVIEILLE

E ugène-Antoine-Samuel Lavieille est né à Paris, le 29 novembre 1820. Sur cette tête d'aspect un peu sévère tempéré par un regard bienveillant, il y a la trace de bien des luttes. Sa demeure est un vrai musée d'où sortiront un jour des richesses artistiques qui étonneront bien du monde, non seulement par leur valeur, mais aussi par leur nombre. Lavieille étudia sous la direction de Corot. Vous verrez qu'il en sera de Lavieille comme il en a été pour ses amis Corot, Chintreuil, Daubigny, Rousseau, on ne l'acclamera maître que quand ses œuvres appartiendront à la postérité. Qui donc n'a entendu parler de ces Corot, de ces Th. Rousseau, de ces Chintreuil, de ces Daubigny, achetés pour deux ou trois cents francs il y a vingt ans et qu'on couvre d'or aujourd'hui?

Nous n'en dirons pas plus long, tant pis pour ceux qui passent indifférents devant les œuvres de ce maître du paysage. Un jour ils le déploreront amèrement. Les débuts de Lavieille ne furent pas séduisants : travail, lutte et misère. Est-ce que Daubigny n'a pas dit des vrais artistes : *qu'ils sont comme les pommes qui ne mûrissent que sur la paille !* Avec Chintreuil, il fit ses débuts dans l'art. Levés dès l'aube, ils allaient faire des études d'après nature sur la butte Montmartre et c'est à peine si les deux amis avaient de quoi acheter des couleurs. Leur misère commune finit du jour où ils connurent Millet, Bodmer et l'aqua-fortiste Jacques.

Lavieille travailla depuis 1841. Il reçut des médailles aux Salons de 1849, 1864 et 1870 et la Légion d'honneur seulement en 1878. Jamais décoration ne fut accueillie avec une approbation plus unanime. Lavieille a fait partie du jury cinq fois. Son œuvre est immense et jamais vie artistique ne fut mieux remplie.

Ses principaux tableaux sont : *Au rocher Besnard, à Fontainebleau* (1877); *le Chemin aux Buttes, aux Sablons; la Nuit; Bouleaux, au rocher Besnard; la Maison rouge, au Perreux (Seine); Une nuit d'octobre sur le pont de la Corbionne, à Moustiers-au-Perche (Orne),* et *Au Libero (Perche); Crue de la Corbionne, à Bretoncelles (Orne); Entrée de la forêt de Voré au Libero (Orne); Automne* et *les Sablons, près Moret-sur-Loing (Seine-et-Marne).*

BENJAMIN ULMANN

ENJAMIN ULMANN est né le 24 mai 1829, à Blotzheim (Haut-Rhin). Quel peintre intéressant ! Figure spirituelle, charmant causeur, érudit, polyglotte distingué, parlant la langue du Dante et celle de Schiller à la perfection, doux, affable et je ne sais quoi qui fait deviner l'artiste.

Ulmann vint à Paris en 1837, il dessina d'abord des fleurs et des animaux chez Drolling et à l'atelier Picot.

Il exposa en 1855 *le Dante et Virgile aux enfers*, qui décida sa carrière académique. Il concourut pour le prix de Rome et emporta, en 1859, le grand prix. En même temps, il obtenait une troisième médaille au Salon, récompense très rare à cette époque, pour son beau *Coriolan*.

Au Salon de 1866, il exposa *Scylla et Marius*, dernier envoi de Rome qui lui fit décerner une deuxième médaille, au Luxembourg. En 1867, *l'Ora del piento, marais pontins*, au musée de Marseille. L'année suivante,

il décora la Cour de cassation : *la Justice protège l'innocence et laisse châtier le crime ; la Cour casse un arrêt ; la Cour sanctionne un verdict*, compositions magistralement traitées. En 1869, *la Mort d'Étienne Marcel*, acheté par l'État.

En 1872, il dut exposer chez Goupil son célèbre tableau *la Ferme incendiée* où il avait ajouté comme légende, le cartouche prussien : *Avec Dieu pour le roi et pour la patrie*. Le fils de l'Alsace flagella les vainqueurs : Thiers ne voulut pas de ce tableau au Salon et dépêcha Charles Blanc auprès de l'auteur.

Il exécuta des portraits remarquables, ceux de Tardieu, Toussenel, Schœlcher et Jourde. Il donna aussi *les Sonneurs de Nuremberg* et fut nommé chevalier de la Légion d'honneur. En 1878, il donna son retentissant tableau *la Séance du 17 juin 1877*, qui fut un véritable tour de force ; *Caton arraché du Sénat*, toile académique ; *deux portraits ; Marguerite en prison* ; le *Portrait de Mme A. S...* et *Portrait de Mlle J. K...*, puis *Patricien*.

Benjamin Ulmann a rendu d'inestimables services à l'art, c'est un vaillant à la vaste envergure.

EMMANUEL LANSYER

MMANUEL Lansyer est né à l'île de Brouin (Vendée) en 1835. Vrai type d'artiste ; il est de haute stature et d'aspect superbe. A le voir on sent qu'on a guerroyé dans sa famille et qu'il est lui-même un homme de combat dans la belle armée de l'Art. Il a neigé çà et là sur sa chevelure et sur sa barbe, mais l'œil est noir et pénétrant.

En 1855, il a commencé à étudier l'architecture sous la direction d'Eugène Viollet-le-Duc et a suivi ses conseils jusqu'en 1861. En peinture, ses maîtres ont été Courbet et Harpignies.

Les premiers envois de Lansyer au Salon datent de 1864. Il a participé ensuite à presque tous les Salons jusqu'à ce jour. En 1864, il a envoyé au palais de l'Industrie : *Pins maritimes le matin* et *Pins maritimes le soir*; puis : *Matinée de septembre à Douarnenez* et les *Bords de l'Elbe* (1865), ces deux envois lui ont valu une médaille; *Une rivière en Bretagne* et *Un lavoir* à marée basse (ce dernier tableau a été acquis par l'État, au musée de Tours); en 1867, *Femmes à la fontaine;* en 1868, *Une source en Bretagne* (acquis par l'État, musée de la Roche-sur-Yon); en 1869, *le Château de Pierrefonds restauré* (cette toile a été médaillée et acquise par l'État pour le musée du Luxembourg); en 1870, *la Rivière de Pouldahut à marée basse* (acquis par l'État pour le musée d'Auxerre); en 1872, *les Alpes Liguriennes* (acquis par l'État) ; en 1873, *Mer montante* et *les Récifs de Kilvouarn* (envoi médaillé); en 1874, *la Lande de Kerlouarneck* (acquis par l'État pour le musée du Luxembourg); en 1875, *les Rochers d'Ar tichen* (acquis par l'État pour le musée de Lille); en 1876, *la Mort d'un chêne* et *Un grain;* en 1877, *Moulins dans la plaine de Lille* et *Avril en fleurs;* en 1878, *Landes fleuries;* en 1878, à l'Exposition universelle, *Une grotte à marée basse* (acquis par la Loterie nationale); en 1879, *Baie de Douarnenez* (Finistère), acquis par l'État pour le musée de Quimper, et *la Mer à Granville;* en 1880, *le Château et le parc de Ménars* (acquis par l'État pour le musée de Tours), et *le Luisant* (côte de Bretagne), acquis par la ville de Rennes pour son musée ; en 1881, *la Fin de la tempête* (exposé à Vienne); en 1882, Lansyer a envoyé au Salon : *Une belle matinée* (côte de Bretagne) et *le Cloître de l'abbaye du Mont-Saint-Michel.*

A différentes reprises, l'État lui a commandé des

travaux. Nous rappellerons entre autres : *Une vue du palais de la Légion d'honneur* (1875), pour ledit palais ; *la Cour du Mans au quinzième siècle*, pour la Cour de cassation ; *Une verdure,* modèle de tapisserie des Gobelins, pour le palais du Sénat (1878) ; *Étude de fleurs*, au musée des Arts décoratifs (1880). Lansyer a été nommé, en 1881, membre du Salon et du Jury de peinture. En 1882, il a encore été promu à ces dernières fonctions ; il a eu, cette année, les honneurs d'une réélection, avec le 28e rang sur quarante. Il expose, au Salon de 1883 : *l'Écueil* (côte de Bretagne) et *la Rosée* (côte de Bretagne), toiles fort remarquées.

LÉON PERRAULT

ÉON Perrault est né à Poitiers (Vienne), le 20 juillet 1832. En voilà un peintre heureux! Il a tout pour lui, le talent, la force, la puissance, une figure ravissante avec de beaux yeux bien bleus, les cheveux ont perdu quelque peu de leur couleur, mais le visage est jeune et séduisant. Quelle charmante oasis que son hôtel du boulevard Lannes, où le peintre a réuni ses plus précieux souvenirs!

Élève de Picot et de Bouguereau, ce vaillant artiste au talent si sincère a remporté déjà plus d'une victoire.

Ses débuts au Salon datent de 1861, il obtint une mention honorable pour son *Vieillard et les trois jeunes hommes*. Ses principales œuvres exposées de 1863 à 1882 sont : *la Mise au tombeau; Descente de croix; la Frayeur* (médaille); *le Départ,* acquis par l'État pour le musée de Bordeaux ; *la Vierge à l'agneau; la Nichée; Pour la petite chapelle; la Fenêtre; la Coquetterie;* les

Orphelins; le Boudoir; Jeune fille de Pont-Aven (Finistère) ; *le Mobilisé, 1870*, acquis par l'État pour le musée de Châteaudun; *Joie maternelle; Petite bûcheronne; le Baigneur pris par la marée; l'Amour rebelle; le Repos; la Baigneuse; Un petit sou; Portrait de H. Perrault; Saint Jean le précurseur*, cet admirable tableau fut récompensé d'une médaille de 2ᵉ classe et acquis par l'État pour le musée de La Rochelle; *l'Oracle des champs*, cette gracieuse idylle; *N. S. Jésus-Christ au tombeau; Portrait de Mlle L. Perrault*, le premier de ces tableaux, d'un effet puissant, a été acquis par l'État pour le musée de Pau; *Tendresse maternelle; Portrait de M. A. M…; Moïse exposé sur le Nil; Bettina; l'Amour vainqueur; l'Amour endormi*, deux merveilleuses compositions à la grande allure académique; *la Méditation; Portrait de Mme ***; le Triomphe de l'hyménée*, plafond pour la salle des mariages à l'hôtel de ville de Poitiers, commandé par l'État.

Léon Perrault a envoyé cette année *le Sommeil* et *Marsanina; Soleil couchant*, toile merveilleuse.

Dans tous les tableaux de Perrault on trouve les plus grandes qualités. La composition est toujours heureuse, le sujet bien choisi plaît et intéresse puissamment. Ses figures vivent, elles parlent.

Son talent, c'est de joindre à un rare sentiment de distinction la vérité absolue, tout chez lui indique l'alliance rare du dessinateur et du coloriste.

FERDINAND HUMBERT

erdinand Humbert est né à Paris, le 8 octobre 1842. Tête académique, figure expressive, distinguée. Ceux qui ne connaissent pas le peintre, en voyant cette belle tête au teint d'un blanc laiteux, diraient volontiers : c'est un joli garçon ! D'autres en considérant sa mise si correcte et son ruban de la Légion d'honneur le prendraient certes pour un diplomate ou quelque fonctionnaire de l'État. Fonctionnaire de l'art, s'il vous plaît ! Conversation d'un timbre uniforme, Humbert fait entrer ses idées comme avec un maillet dans la cervelle de ses auditeurs. Petit tic nerveux de la tête et de l'œil quand il parle et ce tic n'a rien de désagréable ; il a son originalité et son charme. Quel feu d'artifice lors des grands jours du café de La Rochefoucauld, quand Gervex, P. Robert et Humbert déjeunent ensemble !

Élève de Picot, de Fromentin et de Cabanel, Humbert exposa pour la première fois au Salon de 1865

une *Fuite de Néron ;* en 1866, *Œdipe et Antigone retrouvant les corps d'Étéocle et de Polynice,* premier succès : médaille, musée d'Aurillac ; en 1867, *l'Enlèvement,* deuxième succès : médaille, musée d'Autun ; en 1868, *Ambroise Paré, implorant la pitié du duc de Nemours* belle toile acquise par le docteur Nélaton ; *Messaouda,* (1869), troisième succès : médaille. Le jeune peintre donna en 1872 deux tableaux très remarqués : *Saint Jean-Baptiste* et *Tireuse de cartes ; Dalila,* en 1873, toile magistralement traitée ; *la Vierge et l'Enfant Jésus* (1874), digne des maîtres anciens de la grande époque ; ce tableau fut acquis par l'État pour le musée du Luxembourg et figura plus tard à l'Exposition universelle de 1878 ; *le Christ à la colonne* (1875), musée d'Orléans ; *la Femme adultère* (1877), composition pleine de caractère et de grandeur ; *l'Enlèvement de Déjanire* (1878). Cette année, Humbert reçut la croix de la Légion d'honneur.

Ses œuvres suivantes sont : *Deux portraits* (1879) ; sa belle *Salomé* (1880) ; *Portrait de Mlle M...; Portrait de Mme S...* (1881) ; *Portrait de Mlle P...; Portrait de Mme **** (1882).

Humbert est un peintre de noble envergure, il ne sacrifie pas volontiers aux exigences de la mode, il entend rester dans le domaine de l'art sérieux, de la recherche du beau et du vrai. C'est un grand talent, un coloriste remarquable.

FRÉDÉRIC MONTENARD

RÉDÉRIC MONTENARD est né à Paris. Un jeune, officier de l'armée territoriale, qui a déjà gagné ses éperons dans la peinture ; physionomie sympathique, il a de la vivacité dans le regard ; la chevelure désordonnée sera certes égalisée sous la coupe savante de Lespès quand il faudra à l'artiste faire son stage d'officier. Désagréable corvée pour lui : son hôtel de la rue Ampère lui plaît sans doute mieux que la caserne, le maniement du pinceau lui sourit davantage que celui du sabre, et les leçons de Lambinet, Dubufe, Mazerolle, Delaunay et Puvis de Chavannes, ses maîtres par ordre chronologique, l'ont bien plus intéressé assurément que l'école de peloton, de régiment et autres études militaires. Il place Vauban et le général Thibaudin bien au-dessous de ses bien-aimés maîtres en peinture et il a mille fois raison. Mais il faut apprendre à servir la patrie et jouer au soldat, la loi le veut ainsi. Gai, aimable, spirituel, c'est un véritable enfant de Paris.

Les débuts de Montenard n'ont été ni plus ni moins que ceux de tous ceux qui sont devenus les prêtres de l'art et qui n'ont reçu la tonsure qu'après avoir étudié la liturgie et le catéchisme de la persévérance.

Nous ne parlerons que de ses dernières expositions qui sont intéressantes et dénotent un progrès incessant.

En 1879, il envoya au Salon : *Une matinée d'automne en Provence* et *Dans les champs, vallée de l'Indre;* en 1880 : *la Côte de Saint-Waast-la-Hougue* (Manche) et *le Soir en Provence;* en 1881, *le Soir dans les champs* et *Sur la falaise,* toiles qui eurent un succès d'estime ; en 1882, *En Provence* et *le Port du commerce à Toulon,* ce dernier tableau offre un intérêt particulier, la tonalité est excellente.

Cette année l'artiste envoie : *Un cimetière sur les bords de la Méditerranée* et *le Transport de guerre de « la Corrèze » quittant la rade de Toulon,* œuvres excellentes.

Montenard aime le pays du soleil, cette belle Provence aux doux figuiers et aux oliviers rabougris, il adore la mer ; puisse-t-il aller bientôt *s'imprégner* de sites plus chauds encore, l'Algérie avec ses palmiers et l'Égypte fertile. Là il trouvera une belle nature et un soleil éblouissant dont les rayons se reflètent sur des maisons crépies à la chaux et qui sont bien plus pittoresques que les bastides provençales avec leurs prétentions à l'architecture.

DÉSIRÉ-FRANÇOIS LAUGÉE

Désiré-François Laugée est né à Maromme, près de Rouen, en 1823. Tête biblique. Quelle apparence virile dans ce visage au regard pénétrant ! Quel homme robuste ! Le poil blanchit quelque peu, mais dans l'ensemble de cette tête on voit l'ardeur, l'activité, l'énergie. De temps à autre, une éclaircie survient, les yeux rayonnent ; quels accents tendres quand le peintre parle de sa famille et de ses amis, quelle voix sympathique ! Sans être un grand polyglotte, il parle admirablement le patois picard et le patois normand.

Laugée entra à l'atelier Picot en 1840, et suivit les cours de l'École des Beaux-Arts. Il débuta au Salon en 1845 par le *Portrait de son père* et *Van Dyck à Savelthem*. Ses œuvres suivantes exposées jusqu'en 1851, sont : *Portrait de famille et le sien* ; *Mort de Rizzio* ; *Mort de Zurbaran*, au musée de Saint-Quentin, qui lui valut une troisième médaille. De 1862 à 1865, *le Siège*

de Saint-Quentin; *Mort de Guillaume le Conquérant; Eustache Lesueur chez les chartreux,* au musée du Luxembourg, deuxième médaille; *Sainte Élisabeth de France; le Déjeuner du moissonneur; Sur le pas de la porte; Christophe Colomb* au couvent de Sainte-Marie de Robida, rappel de médaille; *la Leçon d'équitation; les Maraudeurs; les Petits amateurs; le Repos des glaneuses; Peintures murales* dans l'église de Saint-Quentin (chapelle Saint-Pierre); *la Récolte des œillettes* (Picardie) a fait partie du musée du Luxembourg, actuellement à celui de Bordeaux, médaille de 1re classe (1861); *la Bonne nouvelle; Magenta; la Sortie de l'École; le Christ glorieux entre les apôtres Pierre et Paul* (décoration de l'église de Saint-Quentin); rappel de médaille (1863) pour *Saint Louis lavant les pieds aux pauvres,* commandé par l'État pour l'église de Dammarie-les-Lys; *le Nouveau-Né; Épisode des guerres de Pologne en 1863; le Repos; Sainte Élisabeth de France sœur de saint Louis lavant les pieds des pauvres à l'abbaye de Longchamp* (1865). Ce tableau fut acquis par la liste civile et le peintre fut nommé chevalier de la Légion d'honneur. Les autres œuvres sont: *la Petite curieuse; le Roi saint Louis servant les pauvres,* à l'église Saint-Pierre, au Gros-Caillou (chapelle de la Vierge); *la Pia dei Tolomei,* musée de Rouen; *Jeune fille de Picardie;* transept gauche de la chapelle Sainte-Clotilde, à l'église Sainte-Clotilde; plusieurs portraits; *Louis IX et ses trois intimes* (1874); *Hymne à sainte Cécile;* la *Jeune ménagère* (1875); *Ange thuriféraire;* peintures décoratives à l'église de la Trinité; *le Vœu à la madone,* au musée du Luxembourg; *Allant à matines* (1877); *Une vieille femme; Un vieillard* (1878); *le Triomphe de Flore,* exécuté pour accompagner *le Jour* et *la Nuit,* salle des fêtes de l'hôtel Continental (1879); *Serviteur des pauvres,* au musée de Lille; *Un Truand,* au musée de Rouen (1880); *Portrait d'Henri Martin,* l'historien; *la Question,* scène de l'Inquisition à Arras; *la Justice invoquée,* peinture pour le plafond de la salle des audiences solennelles au palais de justice de Rouen : un groupe de femmes représentant *la Pitié humaine* invoquent *la Justice* contre les horreurs de la guerre (1881); en 1882, *les Choux, la Lessive.* Cette année, Laugée a envoyé au Salon *les Blanchisseuses de la ferme* et *Pour la soupe,* paysanneries.

Nous avons omis bien des œuvres et un grand nombre de tableaux de chevalet qui se trouvent dans les galeries particulières et dans les musées.

Laugée n'est pas arrivé à une popularité pleine de tapage, il n'est pas monté comme une soupe au lait pour retomber ensuite. Son talent est sérieux, il va toujours *crescendo.*

JULES VEYRASSAT

ules-Jacques Veyrassat est né à Paris. Une tête de voïvode monténégrin aux moustaches longues et droites, figure à lunettes. Ce peintre est doué d'une activité dévorante, il lui faut dépenser son excédent de forces : il est chasseur, pêcheur, nageur comme Boyton ; il fut un enragé canotier ; c'est un rustique adorant la vie des champs, son jardin qu'il soigne comme s'il avait étudié sous Le Nôtre ; il passe six mois de l'année dans sa campagne de Samois, au bord de la Seine, près de Fontainebleau.

Il apprit l'état de bijoutier, puis fut envoyé à l'École de dessin et de sculpture où il eut des succès, puis il entra à l'académie Dupuis où il étudia la figure. Le goût de la peinture lui vint en fréquentant les musées et en voyant peindre Decamps, voisin de villégiature de ses parents, à Gravelle-Saint-Maurice, près de Charenton. En 1848, il commença sa carrière artistique, peignant le jour et gravant ou faisant des illustrations la nuit. Il connut Faustin-Besson qui lui donna des conseils et le fit peindre avec lui dans son atelier. Il collabora au journal *l'Artiste*.

Il expose depuis 1849. La nécessité de gagner sa vie l'empêcha de faire pour les Salons des œuvres importantes, c'est ce qui explique le temps qu'il a mis à arriver.

En 1861, il exposa un *Bac sur la Marne*, qui fut remarqué et obtint une mention honorable au musée de Lyon; en 1866, il obtint une médaille pour la gravure; en 1869, une autre médaille en gravure; en 1872, il obtint une deuxième médaille en peinture; à l'Exposition universelle, il fut décoré de la Légion d'honneur; il fut membre du jury en 1870 et aux Salons suivants pendant dix ans.

Ses œuvres reproduisent la vie champêtre et réaliste, il aime peindre les divers aspects de la nature des moissons, des forêts, des animaux, les chevaux de ferme et de labour : *le Renseignement*, *le Halage, à Samois* (1879); *la Petite culture*, *le Bac des chevaux de rivière* (1880); *Vieux cheval à la porte d'un maréchal-ferrant*, *Chanteclair* (1881); *les Premiers blés*, *le Maréchal-Ferrant* (1882);

Cette année, Veyrassat a exposé deux tableaux algériens : *l'Escorte du caïd* et *Arabes en déplacement passant le Chélif*. C'est animé, le coloris est bon, mais il est difficile de toucher à l'Algérie après Fromentin. Veyrassat dans ces toiles algériennes a cependant su conserver sa personnalité.

JULES-ÉMILE SAINTIN

ULES-ÉMILE SAINTIN est né à Lemé (Aisne) en 1832. Tête expressive, un magnifique mousquetaire, galant, aimable, distingué, expert dans les choses de l'art. Polyglotte très distingué et talent aussi remarquable que soigné dans l'exécution. Élève de Drolling, Picot et Leboucher, il fut reçu à l'École des Beaux-Arts en 1845, remporta toutes les médailles : dessin, peinture, et, en 1853, la grande médaille d'émulation, donnée à l'élève ayant remporté le plus grand nombre de récompenses. Il concourut pour le prix de Rome en 1852 et 1853.

Il débuta aux Salons de 1850 et 1853, par des portraits au crayon. Il se rendit ensuite aux États-Unis, où il passa de longues années et y exécuta de nombreux portraits en tous genres : huile, pastel, crayon, ainsi que des tableaux à toutes les expositions de l'*Academy of Desin* de New-York et fut membre de cette académie en 1860. En 1859, il envoya, de New-York, au Salon de Paris, un tableau intitulé : *Rays-Pukers*, représentant des chiffonniers de New-York ; deux portraits et quatre dessins. De retour en France, en 1882 il prit part à toutes les Expositions :

Ponney-Express (1863); *Femme de colon enlevée par des Indiens peaux-rouges* (1864); *la Piste de guerre* (1865); *Vittoria; Carmella; Marthe* (1866); *le Lever* et *Michellina* (1867); deux tableaux à l'Exposition universelle de cette année et deux dessins : *Deuil de cœur; Annucia; Fleurs de deuil* et *Fleurs de fête; Indécision; Déception; 2 novembre 1879! Deux augures; A quoi rêvent les jeunes filles; le Tombeau sans fleurs; Solitaire; Blanchisseuse de fin; Toilette du rosier; Pomme d'api; Distraction; la Bouquetière; la Soubrette indiscrète; Last ornament; First engagement; Jeanne; Reviendra-t-il?* Deux tableaux à l'Exposition universelle : *Portrait de Mlle H. B...; Émilienne; Fleurs de Nice; Abandon; la Roussotte; Portrait de Mme A. W...; Au bord de la mer; Aux Tuileries*, toutes ces gracieuses œuvres, avec quarante-sept dessins ou dessins-pastels, figurèrent aux diverses expositions jusqu'en 1863 et établirent sa juste notoriété et son talent remarquable.

Saintin fut envoyé par la France comme membre du jury des beaux-arts, à l'Exposition du centenaire de Philadelphie; il obtint des médailles au Salon de 1866 et 1870, à l'Exposition universelle de 1878. Il fut décoré de la Légion d'honneur en 1877.

Saintin expose cette année : *Marchande de pommes; Portrait de Mlle A. D...* et un pastel.

JULES VALADON

ULES-EMMANUEL VALADON est né à Paris. Il est élève de Drolling, L. Cogniet et H. Lehmann.

Cet artiste connu est un tempérament. La figure est énergique, le teint est quelque peu bronzé, c'est un homme d'action, grand remueur d'idées, pour qui les hommes et les choses de ces temps-ci sont un livre ouvert. Parle-t-il de peinture ? il est feu et flammes pour les autres, il n'y a que de son talent dont il ne parle pas. Valadon est plus que modeste.

Nous nous bornerons à rappeler ses derniers travaux: Le *Portrait de M. V...*, qui figura à l'Exposition universelle de 1878 ; le *Portrait de M. Brunner Lacosta*, qui fut au Salon de 1879, ainsi qu'un tableau, *Pendant le service funèbre*, mentionné par le Jury ; les *Portraits de M. D...* et de *M. Simon Hayem*, qui valurent à l'artiste une troisième médaille au Salon de 1880 ; un *Portrait de Mlle R...* et *la Charité*, tableau commandé par le ministre de l'Instruction publique et des Beaux-Arts.

A l'Exposition internationale de Vienne, un *Diogène* et le *Portrait de l'auteur*. En 1882, il envoya au Salon deux figures : un remarquable *Portrait d'Étienne Arago* et *Marie-Madeleine*, toile très remarquée. A l'Exposition d'Amsterdam, il a envoyé *le Vieux vagabond*; à celle de Rome, *Portrait de l'abbé P...* et *Portrait de femme*. Cette année, il expose au Salon : *Portrait de Mme V...* et *Portrait de M. Marsaud*, secrétaire général honoraire de la Banque de France.

JACQUES WAGREZ

ACQUES-CLÉMENT WAGREZ est né à Paris, le le 10 janvier 1850.

Entré en 1867 à l'École des Beaux-Arts, dans l'atelier Pils, il a continué ses études dans le même atelier, lorsque Henri Lehmann en a pris la direction.

A maintes reprises il a été médaillé ou récompensé dans les concours de l'École ; il débuta au Salon de 1876 par l'envoi d'un *Portrait du Dr Bastien* et un tableau représentant *Eros,* fort remarqué.

L'année suivante, Wagrez exposa une grande aquarelle à l'exposition de Bordeaux, *le Portique de Saint-Marc, à Venise,* et au Salon de Paris, un *Portrait* et un grand panneau décoratif : *la Paix et la Guerre.*

Un grand tableau, représentant *l'Éducation d'Achille par le Centaure,* obtint une médaille et fut acheté par l'État pour le musée d'Aurillac. En même temps, il avait exposé une grande aquarelle, *Diane chasseresse*, avec panneau central et entourage décoratif.

En 1879 parut *Persée vainqueur de Méduse* (toile médaillée et acquise par l'État pour le musée de Nantes); *le Portrait de Félicité* et deux aquarelles. L'une : *le Songe du Pannetier et de l'Échanson*, avec un entourage décoratif égyptien ; l'autre, *le Portrait du peintre Luc-Olivier Merson ; Oreste tourmenté par les Furies,* qui fut porté et obtint des voix pour le prix du Salon ; *Portrait de Mme Y...; Hésiode couronné par la Muse* et un *Eros décochant ses flèches* furent très remarqués. Pour l'exposition de Lille, un petit tableau représentant *le Printemps* et plusieurs charmantes aquarelles.

En 1882 il a exposé *le Quadrige de l'amour* et le *Portrait de Mme la baronne G...*; en 1883, *Première rencontre* (Florence, xve siècle).

Il a en cours d'exécution d'importantes peintures décoratives pour la décoration de grands salons dans des hôtels particuliers.

Wagrez est un talent sérieux, sa notoriété est justement acquise.

TABLE DES MATIÈRES

Allongé	259
Appian	353
Aublet	66
Barillot	83
Barrias	59
Bayard	445
Beaumetz	201
Benner (Jean)	80
Benner Emmanuel	90
Berne-Bellecour	38
Bernier	198
Béroud	111
Bertrand (James)	55
Bertin (Alexandre)	208
Berthélémy (Émile)	109
Bertrand (Georges)	107
Bogoluboff, membre de l'Académie des Beaux-Arts de Saint-Pétersbourg	46
Bonnat, membre de l'Institut	13
Boldini	235
Bouguereau, membre de l'Institut	10
Boulanger, membre de l'Institut	17
Breton (Émile)	189
Breton (Jules)	404
Brielman	192
Brozik	147
Bruck-Lajos	156
Brunet-Houart, licencié en droit	466
Busson	292
Bukovac	161
Cabanel, membre de l'Institut	22
Canela	223
Carolus Duran	411
Carrier-Belleuse (Louis)	391
Casanova y Estorach	212
Chaplin	195
Clairin	125
Cheremetew, membre de l'Académie des Beaux-Arts de Saint-Pétersbourg	164
Clément	308
Clermont-Gallerande (de)	129
Collin (Raphaël)	93
Comerre (Léon)	186
Constant (Benjamin)	377
Courtat	457
Courtois (Georges)	388
Dagnan-Bouveret	183
Dantan	114
Dardoize	374
Delahaye	174
Delobbe	144
Delpy	180
Desmoulin	171
Deschamps (Aimé)	285
Duez	350
De Wylie, membre de l'Académie des Beaux-Arts de Saint-Pétersbourg	325
Dupray	318
Dubufe (Édouard)	304
De Vuillefroy	300
Detaille	281
Dumoulin (Louis)	278
Detti (Cesare)	253
Duval-Gozlan	460
Dupré (Julien)	439
De Liphart	424
Dubufe (Guillaume)	427
Ebner	330
Edelfelt	262
Friant	287
Flameng	451
Feyen-Perrin	217
Frappa	238
Français	232
Faléro	75
Gervex	51
Giacomotti	63

Gautier (Amand)	359	Montenard	492
Gueldry	69	Matout	469
Grimelund, membre de l'Académie des sciences et des lettres de Christiania.	177	Munkacsy	380
		Pinel	104
		Feliz	168
Gérôme, membre de l'Institut.	27	Perrault (Léon)	486
		Pierdon	454
Guillemet	43	Protais	414
Galerne	247	Pille	430
Hagborg	72	Puvis de Chavannes	269
Henner	33	Pasini (Albert)	273
Humbert	489	Petit-Gérard	315
Hanoteau	418	Quost	141
Harpignies	385	Robert (Paul)	442
Harlamoff, membre de l'Académie des Beaux-Arts de Saint-Pétersbourg	135	Rochegrosse	256
		Rolffio	312
		Robert-Fleury (Tony)	356
		Roll	118
Jacquet	436	Rapin	87
Junot	333	Renouf	225
Jamin	132	Sargent (John-S.)	347
Jeannin	138	Salmson, membre de l'Académie des Beaux-Arts de Stockholm	322
Jeanniot	459		
Jonghe (de)	151		
Krug	153	Saintin Jules-Émile	502
Leloir (Auguste)	241	Steinheil	473
Lapostolet	204	Saïn (Paul)	220
Laugée (Désiré-François)	495	Tattegrain (Francis), docteur en droit	250
Liardo	366		
Le Pic (le Comte)	340	Toudouze	344
Lévy (Émile)	265	Thirion	397
Lefebvre (Jules)	263	Ulmann	479
Lansyer	482	Vuillemot	244
Lavieille	477	Veyrassat	499
Le Roux	463	Valadon	505
Laugée (Georges)	448	Vernier	362
Laurens (Jean-Paul)	400	Van Beers	370
Lalanne	408	Wahlberg, membre de l'Académie des Beaux-Arts de Stockholm	228
Langrand	394		
Lorenzale, membre de l'Académie des Beaux-Arts de Madrid	215		
		Wagrez	508
		Wencker	337
Morot (Aimé)	97	Yon	433
Margottet	421	Zier (Édouard)	122
Maignan, licencié en droit	289		

ACHEVÉ D'IMPRIMER LE 20 MAI 1883.

Gustave Déperais, conducteur typographe.

www.ingramcontent.com/pod-product-compliance
Lightning Source LLC
Chambersburg PA
CBHW071610230426
43669CB00012B/1897